Ein Lichtlein Auf Wanderung
1. Auflage, erschienen 07-2024

Umschlaggestaltung: Derek Watling, Romeon Verlag
Text: Derek Watling
Layout: Romeon Verlag

ISBN: 978-3-96229-518-9

www.romeon-verlag.de
Copyright © Romeon Verlag, Jüchen

Das Werk ist einschließlich aller seiner Teile urheberrechtlich geschützt. Jede Verwertung und Vervielfältigung des Werkes ist ohne Zustimmung des Verlages unzulässig und strafbar. Alle Rechte, auch die des auszugsweisen Nachdrucks und der Übersetzung, sind vorbehalten. Ohne ausdrückliche schriftliche Genehmigung des Verlages darf das Werk, auch nicht Teile daraus, weder reproduziert, übertragen noch kopiert werden. Zuwiderhandlung verpflichtet zu Schadenersatz.

Alle im Buch enthaltenen Angaben, Ergebnisse usw. wurden vom Autor nach bestem Gewissen erstellt. Sie erfolgen ohne jegliche Verpflichtung oder Garantie des Verlages. Er übernimmt deshalb keinerlei Verantwortung und Haftung für etwa vorhandene Unrichtigkeiten.

Bibliografische Information der Deutschen Nationalbibliothek:
Die Deutsche Nationalbibliothek verzeichnet diese Publikation in der Deutschen Nationalbibliografie; detaillierte bibliografische Daten sind im Internet über *https://portal.dnb.de* abrufbar.

Ein Lichtlein auf Wanderung

Derek Watling

Vorwort

Diese etwas andere Geschichte, in der ein Wanderer Begegnungen mit Weisheiten erlebt, möge mit ihrer Symbolik und erhofften Einblicken über zahlreiche Aspekte unseres Daseins zum Nachdenken und selbst zur Überprüfung anregen. Sie ist tiefsinnig, philosophisch und mit spirituellem Inhalt, kann aber aufgrund der unerschöpflichen Thematik selbstverständlich keinen Anspruch auf Vollständigkeit erheben.

Die Erzählung befasst sich mit dem Sinn und Zweck des Lebens und Wegen aus dem Irrgarten, in dem wir Menschen uns in unserer selbstsüchtigen Erdgebundenheit verloren und verfangen haben. Unter anderem werden Themen wie Bewusstheit, die innere Stimme, Wahrheit, Schicksal, Gut und Böse, Glaube, Geist, Seele und Körper, Leben und Tod, Mensch und Tier, Erziehung, Weiblichkeit und Männlichkeit, Diesseits und Jenseits, Natur und Naturwesen auf neue Weisen betrachtet.

Einige fragwürdige traditionelle Ansichten werden sachlich herausgefordert, was zu logischen Alternativen führt. Manche Ursachen für die zunehmenden Schwierigkeiten der Menschheit werden dargestellt und neue Perspektiven unserer Existenz geboten.

Inhalt

Kapitel 1	Die Brücke	9
Kapitel 2	Der See Teil 1	32
	Der See Teil 2	56
Kapitel 3	Die Hütte Teil 1	72
	Die Hütte Teil 2	94
Kapitel 4	Der Berghügel	119
Kapitel 5	Das Kirchlein	143
Kapitel 6	Der Weg Zurück	174
Verweise		181
Anerkennung		183
Inhalt Stichpunkte		185

Kapitel 1   Die Brücke

Eines Tages befand sich ein Wanderer, ein kleines, lichtes Bewusstsein, ein Lichtlein, auf einem Waldweg, der sich durch tunnelartige Gewölbe von Bäumen schlängelte. Der Duft der Pinien, das Summen der Insekten und das Gezwitscher der Vögel stimmten das Lichtlein glücklich.

Die Sonnenstrahlen, welche immer wieder durch die hohen Baumwipfel blitzten, hinterließen im Wechselspiel mit den Schatten eine Sinfonie der visuellen Eindrücke. Alles in dieser Natur war entzückend und wunderschön. Das alles konnte sicherlich nicht von alleine passieren. Ein Empfinden von Dankbarkeit und Wohlbefinden umhüllte das Lichtlein. Langsam schlängelte sich der Weg leicht bergab.

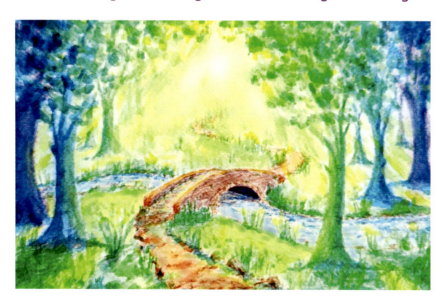

Ein leises Rauschen war zunehmend zu hören; Eine kleine Brücke erschien, die über einen plätschernden Fluss führte. Die Sonne glitzerte auf dem
sprudelnden Wasser, das sich hier und da über Gestein im Flussbett tummelte. Als das Lichtlein auf der anderen Seite ankam, war es, als würde die Umgebung etwas durchsichtig. Es schaute zurück und meinte, Gelächter wie kleine Glöckchen zu hören, das aus dem Fluss zu kommen schien.

Der weitere Weg stieg ein wenig an, wobei Wurzelwerk Stufen gebildet hatte, die das Vorwärtskommen erleichterte. Die Wurzeln gingen auch tief in die Erde, und es war, als wenn ein Klopfen und Hämmern mit Gesang, wie im Chor, durch den Grund und in die Baumstämme hineinpulsierte.

Dann kam ein Windzug auf, wobei mit einem leisen Pfeifen durch die Äste ein reges Geflatter begann: Ein Schwarm weißer Tauben wurde hoch in den Himmel getragen. Sie waren zwischen den wehenden Baumwipfeln zu sehen.

Plötzlich flitzte ein Eichhörnchen über den Weg und an einem Baum hoch, wo es dann neugierig um den Stamm lugte. Zwei Vöglein zwitscherten sich die Seele aus dem Leib, als hätten sie sich etwas ganz Besonderes zu erzählen.

Ein Blätterdach, welches vor der Wärme der Sonne Schutz bot, lockte einige tanzende Schmetterlinge um die wilden Blumen am Wegesrand an. Eine Bank kam dem Wanderer gelegen, um sich auszuruhen, wobei rege Empfindungen in ihm aufstiegen.

Offenbar war das Lichtlein nicht allein im Wald, denn alles war belebt, in Bewegung, nicht nur die Tiere, sondern auch die ganze Umwelt. Alles war am Wachsen, Gedeihen und sich Wandeln; Einiges wie Gestein sehr langsam, anderes blitzschnell, so etwa die Vögel. Wieso kam alles in seiner bunten Vielfalt so zustande? Gibt es einen Schöpfer, und wenn ja, warum ist er nicht zu sehen?

Da tönte fernes Glockenläuten, das von weither über den Wald zu kommen schien, um dann langsam zu verhallen. Alles wurde heller, und eine gütige Stimme war zu hören, obwohl zuerst nicht festzustellen war, woher sie kam. Dann, wie aus einer Luftspiegelung, erschien eine Gestalt, die sich neben dem Wanderer niederließ. Mit resonanter Stimme, die gleichzeitig aus der Ferne und doch sehr nahe erklang, kam eine Antwort:

„Wanderer, es ist nicht möglich, sich ein Bild oder eine genaue Vorstellung von Gott zu machen, so wenig, wie ein Farbtupfer in einem Gemälde eine Ahnung vom Künstler haben kann. In seinem Werk ist der Künstler nicht zu finden, aber er mag darin erkannt werden. Gott hat die Schöpfung samt all ihren Lebewesen erschaffen, also kann er gewiss nicht selbst Teil der Schöpfung sein. Er ist außerhalb. Daher wird auch gesagt „mache Dir kein Bild von dem Schöpfer", da es unmöglich ist, ihn darzustellen. Was man über ihn denkt oder sich vorstellt, wird nie zutreffen. Man kann aber erahnen und schlussfolgern, dass es ihn gibt.

Selbstverständlich sind die Lichtlein, auch Geistfünkchen oder Menschenkinder genannt, mehr als nur Farbtupfer, denn sie haben einen lebendigen Kern, ein Bewusstsein. Manche lehnen es ab, sich mit Gott zu befassen, weil er ihren Vorstellungen nicht entspricht oder er nicht so reagiert, wie die Menschlein es verlangen. Einige Menschen dichten ihm Absonderliches an, das sich jedoch, bei genauer Überlegung, als unmöglich herausstellt. Er ist viel, viel erhabener, als es sich der Mensch ausmalen kann."

Das Lichtlein überlegte: Bilder über den Schöpfer können also nicht wahrheitsgetreu sein, da er dadurch vermenschlicht oder als Geschöpf dargestellt wird. Wie es wohl mit Menschen, Gegenstände oder Schriften ist, die heilig genannt werden.

„Wahrlich, nichts außer Gott ist heilig, was absolut, vollkommen bedeutet. Nichts ist vergleichbar. Was die Menschen üblicherweise als heilig benennen, ist fehl bezeichnet und haben nichts von der wahren Heiligkeit zu tun. Vieles aus alten Schriften ist heute weder verständlich noch verlässlich, weil im Laufe der Zeit oft übersetzte Überlieferungen nach den Ansichten der Menschen geschrieben, dann interpretiert und geändert wurden. Nach den heutigen Beschreibungen in der Genesis, wo viel Symbolik und geistige Vorgänge geschildert werden, gehen manche Menschen davon aus, sie seien göttlich, obwohl dies überhaupt nicht zu erkennen und aus der Natur der Sache heraus unmöglich ist. So eine Behauptung kann daher nur als Anmaßung und Lästerung bezeichnet werden.

Es ist geschrieben, dass der Mensch als Letztes der Geschöpfte nach dem Ebenbild Gottes als Idealgestalt geschaffen wurde. Es waren die ursprünglichen Geister, die nach dem Bilde Gottes geschaffen wurden. Offensichtlich waren keine kleinen Götter entstanden. Der Mensch hat durch seine Anmaßung versucht, Gott nach seinem Ebenbild darzustellen. Das Geschöpf „Mensch" ist geistig, Gott göttlich. Als Inbegriff des menschlichen Größenwahns gilt Babylon und sein Zerfall als Sinnbild des menschlichen Hochmuts, der sich auch heute, nur in anderer Form, zeigt.

Es ist hilfreich zu wissen, dass das Geistige viele Abstufungen hat. Was als Fünkchen im Menschen ist, muss Reinheit erlangen, um bewusst in die Heimat zurückkehren zu können, die in einer höheren Sphäre der Schöpfung liegt. Der Heilige Geist, der die menschlichen Geistfunken geschöpft hat, ist der Wille Gottes. Die menschliche Geister sollen an der Weiterentwicklung der Schöpfung wirken und sie veredeln. Das bedeutet nicht, dass der Mensch dem Heiligen Geist gleich ist, der über seine ganze Schöpfung regiert und als Teil der dreifaltigen Gottheit vollkommen ist."

Diese Perspektive vermittelte dem Lichtlein ein klareres Empfinden über die Verhältnisse zwischen dem Schöpfer und seinem Werk, wovon der Mensch ein privilegierter Teil ist.

Das Lichtlein war sich nun seiner Kleinheit umso bewusster. Es fragte sich, wie eine Erkennung von Gott entstehen kann. Die leuchtende Gestalt strahlte, zeigte in jede Richtung und fuhr fort:

„Das kann durch Betrachtung seiner Schöpfung geschehen, die seinen Willen mit vollkommenen Gesetzmäßigkeiten trägt, die verlässlich und nicht willkürlich sind. Es gibt weder Anlass noch Bedarf, sie zu ändern, da sie perfekt sind und alles tadellos geordnet ist mit abermillionen Entwicklungsmöglichkeiten. Die Wege Gottes sind nicht unergründlich, sondern folgerichtig. Man könnte sagen, die

Natur, die ganze Schöpfung, ist die Sprache des Allmächtigen. Daher strahlt sie in Schönheit.

Unkenntnis der Gesetze schützt nicht vor Versagen. Wenn Leid aufkommt, wird oft im Gebet versucht, Gott zu bitten, etwas zu ändern, um persönliche Wünsche zu erfüllen. Willkürakte werden von ihm erwartet, die aber nicht eintreten, da alles schon perfekt geregelt ist. Wunder, die überraschen können, kommen durch beschleunigte Gesetzmäßigkeiten auf, wenn der Mensch sich innerlich wandelt und richtig steht. In sogenannten Gottesdiensten, die jedoch nichts mit einem Dienst zu tun haben und eher Andachten oder Stunden der Gottverehrung sein sollten, gibt es zahlreiche Forderungen an Gott, was er gnädigerweise tun möchte. Es wird jedoch nicht erkannt, dass alles zum Gedeihen dem Menschen schon gegeben ist und dass die Auswirkungen nach menschlichem Handeln folgerichtig sind.

Der Mensch muss bemüht sein, sich anzupassen, nicht Gott. Es sollte nicht versucht werden, den Schöpfer in das von Menschen verursachte Elend und Leid auf Erden herabzuziehen. Stattdessen soll der Mensch durch ein aufrichtiges Leben aufwärts nach dem Licht streben. Laut Offenbarung (22,14) „Selig sind alle, die ihre Gewände rein waschen …", was heißt, jede Person soll seine eigene Seele reinigen, nicht, dass Gott dies für sie tun soll.

Menschen haben versucht, Platz für das Göttliche auf Erden zu schaffen, und zwar in religiösen Stätten wie Tempeln und Kirchen, jedoch weniger im Alltag. Nach alten Schriften und hergebrachten Meinungen wird oft gepredigt. Die verschiedenen Konfessionen meinen oft, dass ihre Institutionen Gott wohlgefällig sind. Nach einer theologischen Ausbildung geben sich die Priester meist anmaßend als Vertreter des Schöpfers und erlauben sich, im Namen des Vaters, des Sohnes und des Heiligen Geistes zu sprechen. Ein gewagtes Unterfangen!"

Das Lichtlein überlegte. Oftmals werden verwirrende, wenn auch traditionelle Gedanken gepredigt, die bei aller Vorstellungskraft wenig Sinn ergeben. Sie werden mit unerklärlichen Wundern oder unergründlichen Wegen Gottes präsentiert. Soll der Schöpfer, der alles in Vollkommenheit erschaffen hat, den Menschen so haben, dass sie versagend und jammernd ihn um Hilfe bitten müssen? Es wird verlangt, dass Gott wegen menschlichen Vergehen ein Auge zudrückt und ihnen mit Gnade und Vergebung bereit ist. Und dann soll der Mensch als Belohnung in den Himmel gehoben werden, auch wenn er ähnlich denkt und handelt wie zur Zeit Jesu Kreuzigung. Irgendwie passt das alles nicht.

„Manches Gepredigte ist anzuzweifeln. Unmögliches wird oft als unantastbar dargestellt und blindlings geglaubt, was nur mangels klarem Nachdenken möglich ist. Es sollen keine Mysterien und Geheimnissen für die Menschen im Leben sein. Nach einer Andacht, ob in einer Kirche, im Tempel oder anderswo, sollte der Mensch ohne Esoterik, Mystik oder Hokuspokus inspiriert und gestärkt in die Welt schreiten, um dann im tatsächlichen, aktiven Dienst des Allmächtigen zu wirken."

Das Lichtlein war tief versunken in Gedanken über die gerechten Gesetzmäßigkeiten, die dann alles im Leben selbstverständlich und verlässlich regeln.

„Oft wird Gott von Menschen, denen er alles zum Gedeihen geschenkt hat, gebeten, er möge noch dies und das zusätzlich für sie tun, hier und dort eingreifen, um misslich gewordene Lagen auf Erden zu ändern. Häufig wird dies alles nicht nur gefragt, sondern im Stillen erwartet. „Wir preisen Dich, o Herr, aber erfülle unsere demütigen Bitten. Du tue es, wir warten in aller Bescheidenheit. Amen." Er soll sich dem unglückseligen Menschlein immer wieder erbarmen, andeutend, er würde es nicht ausreichend tun. Wenn man die Gebete an Gott lauscht und nicht weiß, wer angesprochen wird, würde man denken: Er wäre unser Knecht, braucht unseren Rat und wäre auf Abruf zu Diensten bereit. Solche Gebete werden selbstverständlich nicht wie verlangt erhört, da sie nicht im Einklang mit der gegebenen, vollkommenen Ordnung sind, die im Dasein immer vorhanden ist. Gott schreibt dem Menschen nicht genau vor, wie er zu leben hat, aber der Mensch, der keine Marionette ist, sollte danach streben, seinen eigenen Willen gemäß Gottes vollkommenen, unterstützenden Gesetzen anzupassen.

Viele Rituale zielen darauf ab, die Verbindung zu Gott zu stärken, wobei der Sinn der Handlung leider selten durchdacht wird. Beispielsweise: Die Taufe bekräftigt eine innere Überzeugung und sucht eine gewollte, bewusste Verbindung zum Schöpfer im Streben nach Reinheit, das manchmal durch reinigendes Wasser symbolisiert wird. Ein Kind taufen zu wollen aus Angst der Eltern, es könne vielleicht sonst keinen Zugang zum Himmel haben, würde bedeuten, zu meinen, dass Gott das Kind andernfalls vernachlässigen würde. Erfolgt die Taufe aus Tradition oder damit es Mitglied der Kirche wird, ist das für das Kind unschädlich, aber nicht der Zweck einer solchen hohen Handlung, die nicht durch eine erlernte Ausbildung verabreicht werden kann. Jesus war 30 Jahre alt, als er im Jordanfluss von Johannes getauft wurde, dessen angeborene Berufung es war, eine so besondere Aufgabe als Mittler zwischen dem Licht und den Taufsuchenden zu erfüllen. Alle anderen Priester damals waren nicht befähigt. Ein sogenannter Geistlicher muss eine reine Verbindung zum Licht haben und der Zutaufende muss innerlich bereit und empfänglich sein."

„Man kann beobachten, dass Menschen, die ernsthaft darüber nachdenken, immer weniger davon überzeugt sind, dass das, was in den Stunden der Andacht oder in den Handlungen geschieht, für sie einen Sinn hat. Blindes Glauben wird verlangt. Sie sehen, dass sich vieles im Alltag verschlechtert und Gott nicht wie gewünscht eingreift. Deshalb schwindet ihr Glaube an ihn. Wenn sie überhaupt an ihn glauben, wollen sie ihm die Verantwortung für ihre Versagungen überlassen, nur nicht selbst auf richtige Weise tätig werden."

„Die Umstände, die aufkommen, das Schicksal, werden von jedem selbst angezogen. „Jeder ist seines eigenen Glückes Schmid" ist ein bekannter, wahrer Spruch. Gott straft nicht, aber seine unveränderlichen Gesetze, die zum Wohle aller sind, müssen eingehalten werden. Der Mensch bringt selbst Glück oder Unglück über sich. Das wahre, dauerhafte Glück, das ersehnt und worüber so viel geschrieben wird, ist keine zufällige, kurzfristige oder berechnende Sache, die vielleicht durch unerwartetes materielles Gewinnen von etwas aufkommt, sondern im Gotteswillen zu leben und in seinen Gesetzen zu schwingen. Das ist das höchste, dauerhafte Glück. Die Liebe Gottes ist nicht verhandelbar, sondern folgerichtig, allumfassend, viel größer und weit anders als meist gedacht. Wenn sie als vollkommen erkannt wird, ist es klar, dass es keine Notwendigkeit gibt, die Gesetze zu ändern. Ähnlich, wie die Natur es vormacht, so sollte sich jedes geistige Lichtlein einfach freiwillig in Einklang bringen.

Man bedenke: Ein Stein kann niemals zu Luft werden, Wasser niemals zu Feuer, eine Pflanze niemals zu einem Tier, ein Tier niemals zu einem Mensch – so auch ein Mensch niemals zu etwas anderem. Alle haben eine bestimmte gesetzmäßige Beschaffenheit."

Der Wanderer sah ein, dass alles tadellos geregelt und zum Wohle aller gestaltet ist. Nur so können verlässliche Auswirkungen erfolgen.

*

„Alles, was sich ergibt, folgt aus den sich nie ändernden Gesetzmäßigkeiten. Drei der göttlichen Strahlen haben perfekte Regulierungen zur Folge, die unbestechlich und immer fördernd sind. Zusammen regeln sie gerecht das Schicksal:

- Das Gesetz der **Anziehung der Gleichart** bedeutet: Bei einem Gedanken oder einer Tat, sei es einer Gewohnheit oder einer Saat, alles zieht die gleiche Art an sich, ob gut oder schlecht. Die bekannten Sprüche „Gleich und gleich gesellt sich gern" und „Wo Tauben sind, fliegen Tauben zu" schildern diesen Vorgang. Aus jeder Pflanzen- und Blumenart wird verlässlich nur die gleiche eigene Saat entwickelt, und zwar meist mehrfach. So auch mit Gedanken und Taten. (Die vermeintliche Anziehung von Gegensätzen, die eher als Ergänzung zu verstehen ist, mag zwischen gespaltenen Arten stattfinden, beispielsweise der Männlichkeit und der Weiblichkeit.)

- Das Gesetz der **Wechselwirkung** zeigt, dass bei allen Ursachen ein genaues, entsprechendes Ergebnis folgen muss. Daher kann die Auswirkung zuverlässig bestimmt werden. Hier wirkt das Prinzip des Ausgleichs, der Ursache und der Wirkung. Eine Gegebenheit erzeugt eine Resonanz. Es wird auch Kausalität genannt. Wir kennen die Sprüche, „Wie man in den Wald hineinruft, so schallt es zurück", „Geben und Nehmen" und „Nach jeder Aktion kommt es zu einer Reaktion."

- Das Gesetz der **Schwere** bestimmt, inwiefern etwas steigt oder fällt, entsprechend seiner Dichte, und kommt dort an, wo es hingehört. Im Wasser sinkt beispielsweise ein Stein, eine Luftblase schwebt nach oben. Regen fällt, Dampf steigt. Ebenso verhält es sich bei feinen, unsichtbaren Gegebenheiten wie den Gedanken. Allein das Geistige wegen seines Ursprungs unterliegt nicht der Schwere, das in Reinheit, ohne

Schlacken und Anhaftungen, sofort zu seinem Ursprungsort Paradies unaufhaltsam aufsteigt.

Diese Gesetzmäßigkeiten sind von Urbeginn an unverrückbar, sonst entstünden Ungerechtigkeit und Chaos. Da alles tadellos und unbestechlich geordnet und die Auswirkungen folgerichtig sind, sind auch die Ergebnisse von Gedanken, Worten und Taten nachzuvollziehen. Der Schlüssel ist, die Gedanken rein zu halten, so dass alles Weitere sich erfreulich entwickelt.

Und so sind verlässliche Rückmeldungen während des Daseins gesichert, auch wenn sie manchmal überraschend sind und anders kommen als erwartet. „Was der Mensch sät, das wird er ernten", (Gal. 6,7). Solche Rückwirkungen können angenehm oder herausfordernd sein, müssen erlebt und gegebenenfalls bearbeitet und gelöst werden. Einige Auswirkungen treten unmittelbar ein, andere müssen reifen und kommen erst in einem späteren Lebensabschnitt auf. Alle diese Vorkommnisse sind als Gnade zu betrachten, da sie Gutmachung und Reifung ermöglichen. Ängste und Krankheiten sind Ergebnisse, die aufkommen, wenn nach den Gesetzen nicht im Einklang gelebt wurde. Fehltritte und Verbrechen, die verleitet haben, müssen wieder gut gemacht werden.

Viele meinen: Zu sündigen ist geerbt und unausweichlich, dass die Vorfahren, bis hin zu Adam und Eva, daran schuld sind. Gott soll es aber vergeben, wenn man an ihn glaubt und danach bittet. Das soll Demut zeigen. Solche Art Schlussfolgerung macht keinen Sinn, da es gegen Selbstständigkeit und Gerechtigkeit gehen würde. Warum soll Gott den Menschen so verflucht geschaffen haben? In der DNA wird so etwas nicht weitergegeben, sondern es ist selbst erzeugt. Jeder ist für sein eigenes Denken und Tun verantwortlich."

„Es sieht aus, als würden wir oft leugnen, dass wir etwas mit den Konsequenzen unseres Denkens und Handelns zu tun haben. Stattdessen suchen wir uns Sündenböcke und legen unsere Prioritäten hauptsächlich auf irdische, materielle Wünsche und Freuden, von denen wir glauben, dass sie der Sinn der Existenz sind."

„So kommen menschengemachte Gesetze zustande, die selten im Einklang mit den göttlichen Gesetzen sind, was letztendlich Korruption und Verderben zur Folge hat. Die von Menschen gemachten Bestimmungen können von Land zu Land sogar gegensätzlich sein; Hier erlaubt, dort verboten, hier erwünscht, dort verurteilt. So manche Denkweisen und entstehende Reglungen sind des Öfteren nicht nachzuvollziehen. Solche Art Ungereimtheiten weltweit beginnen schon im persönlichen Umfeld wie innerhalb der

Familie und bei seinen Nächsten. Wie im Kleinen, so im Großen. Dort Irrtümer einzusehen, Frieden zu schaffen, ist für den Verstand allein zwar schwer, aber wenn erreicht, dann befreiend.

In der Erkenntnis der Evolution wird manchmal ein Gegenbeweis für Gott gesehen - ein merkwürdiger Schluss. Die Tatsache, dass Evolution und Entwicklung Teil der Entfaltung der Schöpfung sind, wird von der Wissenschaft größtenteils übersehen, die entgegen ihrer eigenen Überzeugung glaubt, dass alles irgendwie von selbst entsteht."

Langsam keimte dem Lichtlein eine neue Auffassung von dem Schöpfer, der nicht wie ein großer, alter Mann in einer Wolke schwebt oder in einer Kirche oder jeder Blume wohnt, wie es manchen Kindern beigebracht wird.

„Die perfekte Schöpfung hervorzubringen, ein für Menschen unvorstellbares Geschehen, war zweifellos die Absicht, der Wille des Schöpfers. „Nichts kommt von nichts", ist sogar eine als richtig anerkannte wissenschaftliche Erkenntnis, und doch wird ein beliebiger Urknall als Erklärung für die Schöpfung und das Leben auf Erden angenommen. Ein offensichtlicher Trugschluss."

Das Lichtlein fragte sich: Wenn alles Sinn und Zweck hat, wie es dann möglich ist, dass es zu Fehlern kommen kann. Die Antwort lautete:

„Sie müssten nicht sein, wenn die Menschen die göttlichen Gesetze erkennen und befolgen würden, was für alle Lichtlein eine freiwillige Sache ist und nur erfreuliche Auswirkungen hätte. Dafür müssten die Gesetze aber erkannt und gelebt werden. Einem jeden Lichtlein als Geistfunke ist seine eigene freie Willenskraft für seine Entwicklung geschenkt worden, was eine enorme Macht und Verantwortung bedeutet. Das Wollen hat nämlich eine Kraft zum Formen. So werden die Umstände im Diesseits und im Jenseits durch den Menschen selbst gestaltet. Die gerechten Rückwirkungen von allen Gedanken und Taten auf den Urheber, seien sie erfreulich oder bedauerlich, sind jedoch nicht mehr frei zu nennen, sondern Ergebnisse dessen, was zu Beginn gewählt wurde. Der Mensch hält sich für unfrei im Hinblick auf sein Schicksal. Dabei wob er es sich zuvor selbst durch Gedanken, Worte und Taten."

„Aber wir Lichtlein sind doch zu hilflos und schwach, um alles richtig zu machen."

„Das ist nur eine Ausrede. Menschen haben sich selbst geschwächt durch Trägheit, denn alles zur Entwicklung ist ihnen gegeben.

Aus den himmlischen Höhen strömen **Reinheit**, **Liebe** und **Gerechtigkeit** aus dem göttlichen Reich in die oberen Sphären der Schöpfung hinein. Diese werden kraftvoll weiter hinabgestrahlt, mit einer gleichzeitig magnetischen Wirkung. So ergeben sich auch die Tugenden, lobenswerten, edlen weiblichen und männlichen Eigenschaften, unter anderem Attribute wie Treue, Wahrhaftigkeit, Mut, Anmut, Demut, Bescheidenheit, Fleiß, Heldentum, Gewandtheit, Barmherzigkeit und Schlichtheit. Diese heben diejenigen, die sich mit ihnen verbinden, durch ihre Anziehungskraft empor.

Entgegen mancher Vermutung gehört Dank nicht zu den Tugenden, weil er ein selbstverständlicher Ausgleichswert der Geschöpfe sein soll. Dank erhält dann seinen vollen Wert, wenn er gezeigt und in die Tat umgesetzt, und nicht nur ausgesprochen wird. Durch lebendig gelebte Tugenden finden so das Erblühen und eine erfreuliche Entwicklung des Lebens statt. Um das Florieren zu ermöglichen, muss darauf geachtet werden, dass Versuchungen und materielle Begierden im Leben nicht ablenken, Verstrickungen erzeugen und niederhalten. Ein jedes Bemühen zum Guten stärkt und bewirkt ein Glühen und Aufflammen der Seele, dank der magnetischen Wirkung.

Die dreifaltigen Strahlen aus Gottvater, Sohn und dem Heiligen Geist - die Reinheit, die Liebe und die Gerechtigkeit - mögen getrennt erscheinen, sind aber eins. Einer kann ohne die Anderen nicht sein. Entgegen der landläufigen Meinung sind beispielsweise Liebe und Gerechtigkeit untrennbar miteinander verbunden und äußern sich in fürsorglicher Strenge. Eine süßliche, weichliche, alles erlaubende „Liebe", wie sie oft gewünscht und dem Gottessohn oft fälschlich zugeschrieben wird, gibt es nicht."

„Also müssten wir uns diesen Strahlen öffnen, sie aufnehmen und verarbeitet weitergeben. Damit käme eine neue Auffassung und Einstellung gegenüber dem Leben auf."

„Die Verbindung mit diesen Strahlen kann auch durch Gebet gestärkt werden. Das heißt, diese Qualitäten erkennen, zulassen und sich ihnen anschließen. Worte eines Gebets geben die Richtung der Empfindung an wie ein gespannter Schützenbogen. Der Pfeil aber ist der Inhalt, ohne Worte, aus dem Herzen, der das Ziel in den Höhen erreichen kann. Die Schwingung eines Gebetes, die geistig ist und nicht allein dem Kopf entstammt, ist viel feiner als die des irdischen Lichts. Das Licht benötigt von den Sternen im Kosmos unter Umständen Jahrtausende, bis es auf Erden ankommt. Ein Gebet dagegen, das als geistige Gemütsregung in Reinheit aus dem Herzen kommt, kann durch seine feine Schwingung die Thronesstufen Gottes unmittelbar erreichen. Nach einer inneren Wandlung zum Guten können sich Wunder ergeben, die nie willkürlich sind, sondern durch beschleunigte Gesetzmäßigkeiten aufkommen und deshalb außergewöhnlich erscheinen."

Dem Lichtlein wurde klar, dass ein nur aus dem Kopf auswendig heruntergeleiertes Gebet nicht zum Schöpfer aufsteigen kann. Nur aus der Empfindung im Herzen in Reinheit kommend würde es empor getragen werden.

„Es soll weder wie ein alltäglicher Gedanke noch, wie so oft, passiv, monoton wiederholt sein. Mit einer einfachen, demütigen, tiefen Empfindung als Hauptinhalt wird es nicht durch vielerlei Inhalte geschwächt oder gemindert. Der Verstand denkt fälschlich „Umso mehr, desto besser". Ein Satz des Vaterunsers auf ein Mal, so wie es vorgesehen war, ist für die Empfindung schon ergreifend. Kraft des Gehirns reicht dafür nicht aus. Das Prinzip „Weniger ist mehr" vereinfacht das Bestreben. Dies wird durch die

Tatsache verdeutlicht, dass schon Flüstern oft effektiver ist als Schreien. Es soll ja durch alle Sphären der Schöpfung in Reinheit zur höchsten Quelle getragen werden. Es kann Anbetung, Lobpreis, Dank, Bitt- oder ein Fürbittgebet sein.

Es ist nur traurig, dass meist nur durch Schmerz, Leid oder Gefahr genügend Impuls aufkommt, um zu beten, und zwar: Dann ist es nur ein Bitten oder sogar ein Betteln. Wenn alles im Leben rundzulaufen scheint, wird es meist als selbstverständlich hingenommen, ohne Dank.

Oft will ein Betender etwas Zusätzliches als Sondergabe erhalten. Jedoch muss er sich lediglich in Demut öffnen, um zu erkennen, dass alles Notwendige schon vorhanden ist. Es soll ein williges Bereitsein geben, neue Wege zu gehen und zu handeln, ohne selbstsüchtige Gedanken zu hegen. Es kann das Tor zum Himmel öffnen und das Bewusstsein für die Weisheit hinter dem Leben schärfen. Dann entstehen von Herzen Dank und Lobpreis.

Wenn ein Weg zur Veränderung oder Genesung gesucht wird, sollte es den weisen Gesetzmäßigkeiten des Schöpfers überlassen bleiben. Welcher der Richtige ist, unterscheidet sich oft von dem, was der Mensch sich vorstellt. Gottvertrauen heißt nicht, dass, weil man an ihn glaubt, er mit allem einig sein muss, was man denkt. So kommen Antworten oft anders als gewünscht.

Menschen sind von Hilfen umhüllt. Sie müssen sich nur öffnen und nicht meinen, dass sie besser wissen. Richtig, demütig zu leben ist der Schlüssel, um den Weisheiten hinter dem Leben bewusster zu werden. Dann kann erkannt werden, dass das wahre Gebet wie eine Saat ist, die in der Tat zum aufblühen kommen kann."

Nach einer Besinnung über all diese Ansichten, als das Lichtlein um sich sah, war die Gestalt verschwunden. Es lehnte sich auf die Bank zurück, um die Eindrücke über den Schöpfer tief im Herzen zu verankern. Die Mittagssonne glitzerte durch die grünen Baumwipfel, und alles wurde still. Tiefempfundene Ruhe überfiel den Wanderer.

★★★

Kapitel 2   Der See

Teil 1

Nach einer kurzen Weile sprang der Wanderer auf und setzte seine Entdeckungsreise fort. Bald wurde es heller, und er erblickte einen See, wo ein eleganter Schwan nahe am Ufer glitt.

Es wurde dem Lichtlein immer sonderbarer, als es intensiver über seine Umgebung und sein eigenes Dasein reflektierte. Ein Kahn erschien, aus dem eine resonant sprechende Gestalt fragte:

„Wohin des Weges, Wanderer?"

„Ich bin auf einer Reise auf der Suche nach dem Sinn des Lebens. Wie kommt es, dass ich ich bin, einer unter vielen Milliarden Menschen auf der Erde? Warum bin ich einerseits persönlich und doch Teil des Ganzen? Wie ein kleines Rädchen, das in einem großen Werk eine Rolle spielt. Wie kam es dazu? Warum bin ich überhaupt hier, wo komme ich her, wohin führt das Leben?"

Der Bootsmann lächelte dem Wanderer zu und lud ihn ein, sich ihm zuzugesellen. Er stieg ein und fand sich eingebettet in ein sanftes Wogen und Wallen.

„Sinn und Zweck des Lebens? Nun, jeder ist hier, um sich zu entwickeln, zu reifen, bewusster und verantwortungsvoll zu werden, was nur für eine Zeit in diesen tief gelegenen Ebenen, genannt Diesseits und Jenseits, möglich ist. Die wahre Heimat und der Ursprung aller Lichtlein ist jedoch weit, weit über den Sternen, um einiges höher in den Weiten der Schöpfung. Sie ist ein herrliches, lichtdurchflutetes, strahlendes, glorreiches Land, durchdrungen von friedlicher Tätigkeit, Harmonie und segensreichem Glück. Dort erfüllen himmlische Klänge und zarte Düfte die Lüfte. Es gibt plätschernde Bäche, sanft hüglige Wiesen, Berge und prachtvolle Blumen - alles viel intensiver und leuchtender als in dieser fernen, dichten, provisorischen Heimat auf Erden. Das himmlische Land, Paradies, auch Reich Gottes genannt, kennt keine Finsternis oder Bosheit. Unreinheit ist ausgeschlossen. Es ist der Heimatsort aller Lichtlein, die dort am Schlummern sind. Unbewusst sehnen sie sich nach der Möglichkeit, Bewustheit zu erlangen, die ihnen durch Weiterentwicklung gewährt wird. Sie müssen die Heimat verlassen. So werden sie auf natürliche Weise „ausgestoßen" und müssen sich auf einer Reise in die Niederungen begeben, wo sie geistig erwachen können. Dies kann lediglich durch verantwortungsvolle Entscheidungen und Taten auf Erden und im Jenseits passieren. Dann folgt die Rückkehr in das himmlische Land mit vollem Bewusstsein, um dort für die Ewigkeit lebendig und tätig sein zu können.

Da der Geisterfunke aus dem Paradies kommt, hat er im Kern nur gute und edle Eigenschaften. Nur in Reinheit und mit vollem Bewusstsein können sie, wenn sie zu lodernden Flammen geworden sind, für die Ewigkeit zurückkehren. Das geschieht nach geistigem Erwachen und Reifen durch verantwortungsvolle Entscheidungen und Handlungen in den Niederungen. Der Geist ist wie ein Samen, der in die Erde gepflanzt werden muss und dann zum Licht strebt, um sich zu einer Blüte und Frucht zu entwickeln. Hier, weit entfernt von der wahren Heimat, braucht es viele Herausforderungen, das Überwinden von Widrigkeiten und das Lernen, liebevoll und in Frieden zu leben, und das stärkt."

Mit plötzlichen majestätischen Flügelschlägen erhob sich der Schwan leicht auf der Stelle und ließ sich erneut auf dem spiegelnden Wasser nieder. Die Gestalt ruderte das Boot hinaus auf den See, von wo aus der Rundumblick begeisterte.

„Leider gehen viele geistige Lichtlein nach eigener Wahl auf Irrwegen verloren, weil sie sich dafür entscheiden, irdischen Versuchungen und Flittergold nachzugehen. Sie wollen materielle Gewinne anhäufen, wenn möglich, mit wenig Mühe oder Arbeit, oft ohne Gewissen hinsichtlich der Folgen. Das ist das Ziel von Abertausenden. Verlockungen, unverdient etwas zu erbeuten. Gewinnspiele, Schnäppchen und Gratisangebote jagen viele hinterher. Vielleicht wird eine Erbschaft erwartet, um mehr zu bekommen, als verdient oder benötigt wird. Es ist bekannt: Je mehr man hat, desto mehr will man. Da ist Bescheidenheit ein Fremdwort. Dank Gier hat manche Werbung ein meist leichtgläubiges, aufgeschlossenes Publikum. Für einige ist sogar der Raub zum Beruf geworden. Für viele gelten „goldene Kälber" als ihre Götter, wie beim Ergattern von Trophäen, Gold, Autos, Geld und ähnlichen Besitztümern.

Auch wenn viele Mitmenschen Dergleichen begehren und erbeuten und andere dafür beneiden, werden sie nicht glücklich. Sie werden an die Materie gefesselt, treten wie im Teufelskreis, trüben geistig ein und merken nicht, dass es weit mehr im Leben gibt.

Eine erfüllende Berufung zu finden und glücklich auszuüben, ist in jedem Fall erstrebenswert, dankbar arbeiten zu können und zu dürfen. Dann würden Freizeit, Unterhaltung, Zerstreuung und Entspannung an Wichtigkeit verlieren, um Arbeit als Schuft oder Mangel an Erfüllung zu kompensieren. Widerwillig zu arbeiten mit Sicht auf Freizeit und einen endlichen Ruhestand ist eine vernichtende Anklage gegen die persönliche Existenz. Arbeit soll freudvoll sein. Die finanzielle Entlohnung, wenn auch wichtig, sollte nicht erstrangig sein.

Viele fliehen im Urlaub an ferne Orte und bemerken nicht die Schönheit, die in der Nähe vor der eigenen Tür liegt. Für Erwachsene ist der oft übertriebene, körperbetonte Sport, der als vermeintliches Allheilmittel und Ersatz für Inaktivität und Trägheit ausgeübt wird, fehlgeleitet. Gesunde Bewegung ist ein wichtiges Gesetz des Lebens, aber Sporttreiben, das oft zu einer Obsession geworden ist, zeigt, wie falsch und leer ein sinnvolles Leben geworden ist. Der gepriesene soziale Aspekt kann auf andere Weise ohne Konkurrenz erreicht werden. Gewichte zu heben, auf dem Laufband zu rennen oder auf der Stelle Rad zu fahren, ist ein bedauerlicher Anblick. Es ist der Verstand, der in seinem Körper vernarrt ist, und kein Weg, wahre menschliche Eigenschaften zu entwickeln. Die höchsten Emotionen, die im Großhirn erzeugt werden, werden im Namen des Sports durch Wettrennen oder durch einen Ball hinterherlaufen, der in ein Loch oder einen Tor gebracht werden soll, erzeugt. Oder wenn der Mensch einer Gefahr ausgesetzt wird, um einen künstlich erzeugten Adrenalinschub auszulösen. Zudem wird dies größtenteils nur passiv von Mitläufern aus der Ferne zugeschaut. Es ist alles körperbetont, wo der Geist und seine Seele nicht profitieren. Zeit und Energie werden verschwendet, die besser zum Guten eingesetzt werden könnten, um so den Körper auf sinnvolle, natürliche Weise gesund zu halten. Für die Entwicklung des Kindes sind jedoch Spiel und Bewegung von großer Bedeutung. Unter Aufsicht und gelegentlicher Anleitung spielerisch gesunde Aktivitäten auszuüben und mit anderen Kindern auszutauschen, ist besser als fragwürdige Sportarten einiger Erwachsener nachzuahmen."

Das Lichtlein wurde sehr nachdenklich. Der Geist und die Seele gewinnen wenig von einer übermäßigen Anhäufen von Gütern oder Körperkult und Sport nachzugehen. Aktivitäten zielen häufig auf rein irdische Bestrebungen ab.

Es versuchte, sich weiterhin der Schöpfung bewusster zu werden, und bemerkte, dass es nur einen winzigen Teil davon wahrnehmen konnte. Es war zu erkennen, dass die Natur sich in erstaunlicher Schönheit und Harmonie zeigt, wenn sie von Menschen nicht zerstört, ausgebeutet oder vergiftet wird.

Alles in der Natur schien tadellos geregelt und am Wirken zu sein: ein Geben und Nehmen in perfektem Ausgleich. Alle Elemente, durch die die Umwelt aufgebaut ist, arbeiten auf wundersame Weise zusammen. Es gibt also Kräfte und Aktivitäten, um alles in Bewegung zu halten. Eine weitere Erklärung folgte:

„Vieles kann mit bloßem Auge nicht gesehen, jedoch logisch und sachlich nachvollzogen werden. Auswirkungen zeigen sich in jeder Sekunde in der Gegenwart neu, weil alles sich dauernd entfaltet und vorwärtstreibt, nie rückwärts. Sogar ein Zersetzungsprozess ist fortschreitend. Alle Schöpfungselemente bewegen sich ihrer Art gemäß. Die Elemente Erde, Wasser, Feuer und Luft werden auf unterschiedliche Weise von Naturwesen geformt und gewandelt. Nichts geht verloren. So ist überall eine unsichtbare Aktivität in der Auswirkung zu erkennen, sei es in den Körpern oder in der Umwelt.

So werden auch alle Gedanken und Taten von treuen Wesen mit feinster Genauigkeit in das „Buch des Daseins" eines Jeder eingearbeitet. Sie weben das Gewand des Schicksals, das der Mensch zu tragen hat. So treten gerechte Rückwirkungen bei jedem zu einer bestimmten Stunde auf, was erfreut oder ermahnt, um erfahren und erforderlichenfalls erarbeitet und aufgelöst zu werden. Manche Auswirkungen sind sofort zu erfahren, andere müssen reifen und werden erst in einem späteren Lebensabschnitt aufkommen."

„Bedeutet das, dass alles in der Natur weise geformt und geregelt wird und nichts willkürlich ist?"

„So ist es. Eine Saat kann sich nicht von alleine in eine Blume verwandeln oder eine Raupe in einen Schmetterling. Hier müssen gezielte Abläufe stattfinden. Enthaltene Gene sind nur wie Baupläne, die umgesetzt werden müssen - genau wie ein Architekt einen Plan erstellt, aber um ihn zu realisieren, müssen die Arbeiten tatkräftig ausgeführt werden. In vorherigen Zeiten waren manche dieser Wesen, die auch heute im Willen Gottes treu arbeiten, sichtbar. Der materiell ausgerichtete Verstand mit seinen physischen Sinnen besitzt nicht die Fähigkeit, sie wahrzunehmen. Und wenn er etwas nicht sieht, meint er, es könne so etwas nicht geben. Der Verstand kann nur die Oberflächen der Auswirkungen wahrnehmen. Für das, was dahinter steckt, ist ein feineres Sehen und Spüren gefragt, das heutzutage kaum getätigt wird. Deshalb kann er Abermilliarden Auswirkungen und Aktivitäten nicht erklären. Er ist mit dem Verstand an die grobe Materie und an Raum und Zeit gebunden, was der Geist des Menschen nicht ist. So lebt der Mensch meist nur im Schatten seiner begrenzten Wahrnehmung."

Es wurde dem Lichtlein immer einleuchtender, dass unendlich viele unsichtbare Aktivitäten am Wirken sein müssen, um die Vielfalt in der Umwelt zu gestalten.

„Feinstoffliche Naturwesen, die je nach menschlichem Kulturkreis unterschiedlich benannt wurden, zum Beispiel Luftsylphen, Wassernixen, Feuersalamander und Erdgnomen, sowie Elfen, Nymphen und Feen, sind in ihren Elementen beheimatet und zuständig für ihre Formung. Sie sind heutzutage größtenteils als Fantasiegebilde und Märchenfiguren gedacht, weil sie nicht mehr wie früher wahrgenommen werden können. Die feineren Sinne der Menschen sind verkümmert und die physischen Sinne haben nicht die Fähigkeit, Feinstoffliches zu sehen. Das Leben der Wesen wurde mit der Zeit durch abnehmende feinstoffliche Sicht oft umgedichtet und ihnen manchmal Bosheit unterstellt, was nicht sein kann, da sie im Willen des Schöpfers wirken. Der Mensch ist oft beschämend schnell dabei, Feindseligkeit um sich herum zu vermuten, bis hin zu vermeintlichen Außerirdischen, die bekämpft werden müssen. Hier zeigt sich das Prinzip der Projektion. Was der Mensch über andere denkt, schöpft er aus sich selbst - der andere ist sein Spiegelbild. Daher der Spruch; Den Splitter im Auge des anderen zu sehen und nicht den Balken im eigenen (Matt. 7.3), wobei man viel über sich selbst erfahren kann.

Die sogenannten Götter sind auch nur treue Wesen, die mächtigen Riesenführer der kleineren Wesen. Es war bekannt, dass ihre Heimat unterhalb des Paradieses liegt, genannt Olympus oder Walhalla. Alle sind heute genauso tätig wie damals. Weil sie nicht geistig sind, haben sie keinen eigenen Willen, sondern arbeiten freudig und treu im Sinne des Schöpfers, was alle Lichtlein auch tun sollten, nur freiwillig. Ohne all diese Wesen, wovon es unzählige zusätzliche Arten gibt, gäbe es keine Natur, keine Tiere und auch keine Menschenkörper, und der Mensch als Reisender auf Erden würde nicht zum Gedeihen und Reifen hier leben können. Andere Wesen sind für die Gestaltung der weiteren Sphären der Schöpfung zuständig."

Das Lichtlein schaute hoch zum Himmel und meinte, die

Wölkchen würden zeigen, dass es so viel mehr zwischen Himmel und Erde gibt.

„Was für eine enorme Weisheit und Kraft für alles wohl notwendig sein muss, allein für dieses wunderbare Fleckchen Erde! Wie ist diese Kraft wohl zu verstehen, denn sie ist ungreifbar, unsichtbar und überaus vielfältig."

„Die Erklärung dafür ist nicht leicht für das Verständnis. Die Kraft strahlt aus Gott, die aus dem göttlichen Reich mächtig in die Schöpfung ergießt. Auf dem Weg in die Niederungen kühlt die Kraft ab. Ebenso verliert das Licht an Glanz und Helligkeit, ohne dass der Wille Gottes sich ändert. Dadurch werden Ebenen oder Sphären durch Niederschlag um Niederschlag geformt. Es gibt nämlich sehr viel mehr zur Schöpfung als der Mensch, der sich meist viel zu groß einschätzt, sich vorstellen kann.

Je weiter die Entfernung von den Höhen, umso mehr verlangsamt sich das Leben. So ist die Zeit immer in der Gegenwart: Sie ist ewig. Jedoch ist alles viel lebendiger in den lichten Höhen als in den Niederungen. Deshalb können in der Spanne von einem Tag auf Erden tausend Jahre in den Höhen erlebt werden, während vor dem Schöpfer tausend Erdenjahre wie ein Tag sein mögen. Die Zeit selbst bleibt still. Alles entfaltet sich überall immer in dem „Jetzt".

Der Druck der göttlichen Kraft strömt in die Ferne der Schöpfung, aber mit einer magnetischen Wirkung. Abhängig von den Bedürfnissen der Natur und der geistigen Wesen wird die Kraftstrahlung auf unterschiedliche Weise aufgenommen und verarbeitet, um bei guter Verwendung einen notwendigen Strahlungskreislauf zu gewährleisten. Die Kraft Gottes strömt also auch durch alle Menschen, die durch ihren Willen sie nur zu lenken brauchen, um gute Werke zu vollbringen."

„Wie weise und genau alles in der Schöpfung geregelt sein muss, so dass Chaos nicht entsteht: Eine große Ordnung."

„Ein seltsames Konzept, das Menschen sich ausdenken und das auch oft als Besänftigung gepredigt wird, ist, dass beim irdischen Sterben und Hinübergehen ein Landen im Himmel erwartet wird, wo die „ewige Ruh" einsetzen soll. Sollte jedoch der Ort weit oberhalb des Jenseits tatsächlich durch Reinheit und Reife erreicht werden, muss es dort tausendfach mehr Lebendigkeit und Aktivität als auf Erden geben. Warum sollte das Paradies mit trägen, ruhenden Geistern gefüllt sein? Eine unmögliche Vorstellung."

Es war dem Lichtlein bewusst, dass Menschen sich oft unglaubwürdigen Trost ausdenken. So muss die besänftigende Floskel „Alles wird gut" ein leerer Spruch sein, solange nichts Gutes gemacht wird. Wenn die Schöpfung eine perfekte Ordnung hat, kann sie nicht mit beliebigen Sprüchen des Wunschdenkens geändert werden.

„Die dreifaltige Kraft, die aus Gott strahlt, muss so stark sein, um alles in der Schöpfung beleben und halten zu können."

„In der Tat. Der Mensch kann nur einen winzigen Bruchteil der Effekte der Kraft erleben. Die Stofflichkeit und die Feinstofflichkeit samt all den Sternen sind hier am untersten Ende der Schöpfung. Man könnte sich vorstellen: Am obersten Ende, weit über die Paradies-Ebene der Menschengeister, undenkbar hoch, findet eine Wandlung der mächtigen Strahlen nach unten hin statt, wobei durch eine Spaltung elliptisch-kreisende Bewegungen sich ergeben, die die ganze Schöpfung halten. Diese Spaltung zeigt sich in positiver und negativer Kraft, die beispielsweise auf Erden als elektrischer Strom eindrücklich zu erfahren ist. Das Zusammenspiel von Negativ und Positiv, auch in der Natur zu sehen, ermöglicht das Gesetz der Bewegung in der Ferne von Gott. Ohne Bewegung wäre Erstarrung, wo kein Leben sein kann. So ist die vielfältige Kraft überall in der ganzen Schöpfung am Wirken, bis hin in jedes Atom."

Das Lichtlein war überwältigt, als es erkannte, wie die vielen unsichtbaren Wesen das Leben verwalten. Der Schwan schwamm einen Kreis, wobei er kleine Wellen vor sich hin schob. Seine ernsten Augen blickten über das Boot und den Wanderer. Der Bootsführer sprach weiter:

„Hier, am untersten Ende der Schöpfung, wo die Naturwesen ein stoffliches, materielles Abbild des Reiches Gottes, des Paradieses gestalten, bilden sie auch das sogenannte Jenseits, das die Welten durchstrahlt. Es ist noch stofflich, nur feiner und weit ausgedehnter als die Materie.

Man stelle sich einen Raum vor, der leer zu sein scheint, in dem sich jedoch Tausende verschiedener unsichtbarer Schwingungen befinden. Im Inneren können drahtlose Funkgeräte Signale „lesen", zum Beispiel Radio. Solche entdeckten Wellen, die schon von Anfang an existierten, gehören zur irdischen Grobstofflichkeit, obwohl feiner als das Sichtbare. Auch eine Pflanze kann im Raum gedeihen, ebenso ein Tier oder ein Mensch. Daraus lässt sich schließen, dass noch feinere Schwingungen vorhanden sind, denn ohne unsichtbare feinstoffliche Aktivität könnte nichts am Leben erhalten bleiben.

Alles Feinere kann das Gröbere durchstrahlen, aber das Gröbere kann nicht das Feinere durchdringen. Beispielsweise können Radiowellen durch Wände, aber das Empfangsgerät nicht durch die Wand zum Funksender. So auch mit Ebenen der Schöpfung. Deshalb ist eine körperliche Auferstehung in das Jenseits nach dem irdischen Tod unmöglich, sondern nur für die Seele und den Geist wegen ihrer feineren Beschaffenheiten. Der körperlicher Tod an sich ist ein natürlicher Prozess und nicht zu befürchten, da der Körper, der bei der Inkarnation im Mutterleib erworben wird, zur bestimmter Zeit abgelegt werden muss. Der Geist mit seiner Seele, an der möglicherweise Niederes wie Unreinheit und Böses haftet, kann dann nicht vom Jenseits aus in eine höhere Sphäre."

Unser irdischer Verstand steht fassungslos vor der unvorstellbaren Weite und Ordnung der sichtbaren und unsichtbaren Welten. Der Geist kann sich die Größe und Vollkommenheit der Schöpfung nur ansatzweise erahnen.

*

„Das sogenannte Jenseits hat viele Ebenen bis in die Feinstofflichkeit. Es ist nicht das Himmelreich, sondern es durchdringt und ist Teil der stofflichen Welt. Es umschließt die Stofflichkeit, ohne dass es eine Trennung gibt. Es ist der Ort, wo alle Menschen herkommen und wieder hinreisen, wenn sie die Erde verlassen. Anders als auf Erden, wo Gutes und Böses nebeneinander leben können, gibt es im Jenseits Art Sammelstellen, wo gleiche Seelenbeschaffenheiten magnetartig zusammenkommen, um ihre Qualitäten miteinander intensiviert zu erleben.

Schön, wenn es liebevolle, anmutige Seelenqualitäten gibt, aber so kommen auch Orte der menschengemachten Hölle zustande.

Alles wird unbestechlich gerecht geregelt. Es mag sein, dass eine von Menschen hoch angesehene Person mit hunderten Teilnehmern bei ihrer Beisetzung eine arme Seele ist. Oder ein schlichter, unbekannter Mensch, ein seelisch Reiner. Die inneren Werte, die der Mitmensch nicht immer sieht, sind ausschlaggebend. Im Jenseits fallen der irdische Name, der Status und der Ruhm weg. Dort steht die Seele, so wie sie wirklich ist, von jedem Schein entblößt. Ihre Umgebung ist die, die sie sich im Erdenleben bereitet hat, zusammen mit Gleichgesinnten."

„Es gibt also keine Trennung zwischen dieser Welt und dem Jenseits, außer für den begrenzten Verstand und die physischen Sinne. Man kann die Verhältnisse sinnbildlich vielleicht mit der Funktion eines Einwegspiegels zwischen den einzelnen Seinsebenen vergleichen, wobei jede feinere Ebene Zugang zur niedrigeren hat, aber nicht umgekehrt. Je höher die Ebene, desto feiner die Schwingung. Um aufzusteigen, müssen alle Grobheit und Unreinheit abgelegt werden."

Das Lichtlein überlegte, ob die Erfahrungen, die jeder zu sammeln hat, wohl abwechselnd im Diesseits und Jenseits über einen gewissen Zeitraum erworben werden.

„Tatsächlich. Die mehrfachen Aufenthalte hier und dort sind wie Schulen mit Tausenden Möglichkeiten, um bewusster und verantwortungsvoller zu werden. Das erklärt auch die verschiedenen Qualitäten und Begabungen, die jeder in seiner Seele mit sich bringt. Die Erde und das Jenseits sind Orte, die für eine großzügig bemessene Spanne zum Reifen geschenkt werden. Sie sind jedoch begrenzt, und wie prophezeit, läuft sie nach Jahrtausenden in nächster Zeit ab. Die letzte Phase der Erde, in der nur noch Menschen bereit sind, in Frieden und Harmonie zu leben, ist das prophezeite tausendjährige Reich (Offenbarung 20).

Das bedeutet eine Veränderung der menschlichen Lebensweise. Ein Sichten und Sortieren findet jetzt unter der Menschheit zunehmend statt, wo gesundes Korn von Spreu getrennt wird. Gutes und Schlechtes kommen zunehmend ans Licht. Das Gute wird gestärkt und zum Leuchten gebracht, das Böse wird auch beleuchtet, um erkannt zu werden, und wird letztendlich Vernichtung über sich selbst bringen. Wie vorhergesagt werden von der Natur herbeigeführte Turbulenzen alles letztendlich zerstören, was nicht in den Gesetzen schwingt. Der Mensch hat zu oft schlechte Entscheidungen getroffen. Katastrophen, ob bei den Einzelpersonen, in den Familien, in der Wirtschaft oder in der Natur, sind Auswirkungen, um zu warnen, auszugleichen und zu entwirren, um Lösungen und neue Wege zu fordern. Laut Offenbarung (3.16) werden sogar die unnützen Lauen ausgespien, weil sie geistig nicht lebendig sind.

Jedoch viele Menschen stellen sich vor, sie könnten irgendwie, ohne Entbehrung und grundlegende Veränderungen, auf ähnliche Weise weitermachen, trotz der zunehmend schwierigen Umstände auf Erden, verursacht durch eigensüchtiges Handeln. Sie haben den Sinn und Zweck des Daseins verloren. Der Verstand denkt, dass es nach dem irdischen Tod nichts gibt, was für ihn tatsächlich stimmt, da das Gehirn zerfallen wird. Wenn der Geist nicht von dem Intellekt überschattet wird, spürt er, dass es weit mehr im Leben gibt."

„Der Mensch scheint in seinem selbsterbauten Labyrinth, in Folge von Selbstsucht und Gier als Triebfedern, die er geschickt zu maskieren versucht, verloren gegangen zu sein."

„Begierden und Ausbeutung sind das Menschengebot der Stunde, auch wenn erkannt wird, dass das gerodete, vergiftete Land, die Luft und die Gewässer beschämend Vernichtung zur Folge haben. Die Natur leidet und kann sich nur durch dramatische Umwälzungen wehren. Trotzdem meint der Verstand, er sei souverän, vielleicht sogar doch göttlich, und mit schlauen Kniffen alles ohne allen Verzicht wieder zurechtbiegen zu können."

Aber der Mensch ist doch die Krönung der Schöpfung, meinte das Lichtlein. Der Schwan kehrte seinen Rücken dem Boot zu.

„Dem Menschen wird alles gegeben, damit er sich zu einem solchen Ehrennamen schmücken kann. Aber leider verhält er sich meist nicht so, wie er soll, in Liebe und Frieden mit seinem Nächsten zu leben, weil er nur seinem Verstand blind folgt und ihn sogar anbetet. Deshalb kann er nicht, wie alles andere in der Natur, gedeihen. Er sollte einfach anfangen, seinen Mitmenschen, allen denen, denen er täglich begegnet, mit echter Freundlichkeit, friedlich und hilfreich gegenüberzutreten, auch wenn die Nächsten selbst noch nicht auf einem guten Weg sind. Ein gutes Vorbild zu sein, kann inspirieren. Die Welt sähe dann ganz anders aus. Es sind die Kleinigkeiten im Leben, die als unwichtig erscheinen, doch sind sie die Grundlage für alles Große. Würde eine gute Tat an zwei Weitere weitergegeben, würde die Welt schnell und exponentiell den Himmel auf Erden widerspiegeln."

„Erden und Jenseits sind also zwei Heimatorte auf Zeit, wobei es notwendig ist, das Leben einfach wohlgefällig nach den hilfreichen Gesetzen zu leben. Dafür werden von liebevollen, unsichtbaren Helfern unvorstellbare Tätigkeiten ausgeführt, damit der Mensch sich mit all den ihm geschenkten Mitteln zur Reifung entwickeln kann."

„Die Erde ist schon sehr lange von Naturtätigkeit vorbereitet worden, bevor die Lichtlein zum geistigen Erwachen darauf inkarnieren durften. Der Mensch ist erst vor kurzer Zeit hier angekommen, als er den vorbereiteten Körper des damals höchstentwickelten Tieres übernahm und als geistiges Wesen ihn zu seinem eigenen Körper wandelte. Also ist seine äußere Hülle ursprünglich vom Tier geerbt, aber nicht seine Identität. Sein Geist, das „Ich", wurde hineininkarniert. Der Mensch selbst stammt nicht vom Tier ab, da er geistigen Ursprungs ist.

Rund viereinhalb Milliarden Jahre ist die Erde im Umlauf. Der Mensch wandelt jedoch nur seit der relativ kurzen Zeit von wenigen hunderttausend Jahren darauf, was eine Minute am Ziffernblatt des Lebens der Erde ist. Der Mensch, der sich ironischerweise „Homo sapiens" nennt, was „weiser Mensch" bedeutet, hat in dieser kurzen Zeit seinen Nächsten oft feindselig bekämpft, gefoltert und umgebracht. Er hat das Gesetz der Wechselwirkung nicht erkannt, dass letztendlich „Wer den Schwert nimmt, wird mit dem Schwert umkommen." (Matt. 26.52). Die Menschen haben viel Verwüstung und Vergiftung des Landes, des Wassers und der Luft verursacht und rund 80% der Tier- und Pflanzenwelt vernichtet. Er hat die Erde zu einer Müllkippe gemacht. Eine erwiesene Unfähigkeit seines Verstandes."

Wie traurig und beschämend, dachte das Lichtlein. Wie das wohl alles wiedergutzumachen ist. Sicherlich müssen die liebevollen Gesetze des Schöpfers dringend erkannt und gelebt werden. Man darf nicht so tun, als könne der Mensch die Regeln nach Belieben verändern.

Und dann kam die Überlegung, ob das Leben im Jenseits friedlicher als auf diesem Planeten erlebt wird, wie es oft gepredigt wird.

„Nicht unbedingt. Die Bewusstseinszustände sind verschieden, was für den Erdling schwer vorstellbar ist, der mit seinem Nervensystem mit dem Tagesbewusstsein eng verknüpft ist. Jenseits gibt es den materiellen Kopf und seinen Verstand nicht mehr, also fällt das sogenannte Tagesbewusstsein weg. Der Geist und seine Empfindungen samt seiner Seele bleiben bestehen. Jedoch wird alles an jenem Ort auf andere Art gegenständlich erlebt. Feinstoffliche Sinne, die auch im Erdenkörper hätten entwickelt werden können, sind im Jenseits der Wahrnehmung fähig.

Die körperliche Trennung von Mitmenschen auf der Erde ist von Vorteil, denn dadurch werden sie nicht so stark von sie umgebenden guten oder schlechten Ereignissen und Schwingungen anderer Seelen beeinflusst. Dies erleichtert es, ungestörter einen individuellen, unabhängigen Weg gehen zu können. Dadurch ist das Prinzip, dass Gleiches Gleiches anzieht, nicht so direkt und stark wie im Jenseits. Gutes und Böses können auf Erden nebeneinander sein, ohne dass sie sich unbedingt gegenseitig stark beeinflussen. Deshalb können Fortschritte hier unbeeinflusster und so leichter gemacht werden."

„Den irdischen Körper und seinen Verstand wegzudenken und sich vorzustellen, was im Jenseits übrig bleibt, ist für unser Tagesbewusstsein schwer vorzustellen. Der Seeleninhalt müsste dort deutlicher in Erscheinung treten."

„So ist es. Da es den irdischen Körper als Schutzkleidung und Barriere dann nicht mehr gibt, so werden die verschiedenen Seelenqualitäten, die es auf Erden zu entwickeln gilt, stärker und viel intensiver zueinander gezogen als auf Erden. Jenseitigen werden in Art Sammelstellen hingezogen, wo Gemeinsames erlebt und ausgekostet werden muss, und zwar intensiver als auf der Erde, weil dort grobe Materie nicht dazwischen wirkt. So kann es zu schönen oder höllischen Zuständen als gerechte Rückwirkung und Erfahrung kommen. Zum Beispiel werden Terroristen, Mörder und Lügner ihre verdorbenen Eigenschaften zusammen mit ihresgleichen intensiv erleben, doch diejenigen mit hohen Idealen und edlen Absichten werden sich zu ihresgleichen hingezogen.

Die Hölle, die es tatsächlich im Jenseits gibt, die auch auf Erden zu erleben ist, ist voller unvorstellbares, selbsterzeugtes Leiden. Ein Entrinnen durch Wandlung zum Guten, wenn überhaupt noch möglich, kann lange dauern. Man steckt dort im eigenen und geteilten Strudel drin. Das sogenannte Inferno ist keine Institution Gottes. Das Leben dort wird von jedem selbst durch seine Gedanken und Taten gestaltet. Ein Hang oder eine Sucht, auch materielle Begierden, die seelische Eigenschaften geworden sind, bleiben erhalten, bis sie ohne irdische Befriedigung mühselig abgelebt werden. Die „Sehnsucht" nach Höherem und das gute Wollen in der Empfindung bleiben auch erhalten, was eine große Hilfe auf dem Weg ist. So ist es sehr erfreulich, wenn es aufrichtige, ehrenhafte, anmutige Seeleneigenschaften gibt."

Der Wanderer reflektierte die erstaunliche Gesetzmäßigkeit und Gerechtigkeit in der Entfaltung des Lebens. Auf dem See wurde alles ruhig und der Schwan glitt lautlos vorbei.

***

Der See

Teil 2

Die Sonne funkelte auf der Oberfläche des türkisfarbenen Wassers, und die Silhouette des Schwans glitt lautlos hindurch. In dem Lichtlein entstand eine tiefe Sehnsucht, den Weg nach vorne zu kennen.

„Was kann denn uns Lichtlein stärken, um gute Anziehungen und Rückwirkungen zu erzeugen? Da für alles gesorgt ist, liegt es vermutlich an dem Einzelnen, Wege zu finden."

„In der Tat. Es gibt viele Wege, den Geist und seine Bewusstheit zu kräftigen. Zu empfinden, was wahre Liebe ist, jenseits der körperlichen Begierde, und danach zu leben, sollte das Normalste und Grundsätzliche sein. Zu bedenken ist, dass die Tätigkeit des Geistes eine magnetische Wirkung erzeugt; eine Anziehung der Gleichart. So kann er bestimmen, was kommen soll: zum Guten oder aber zum Schlechten.

Der Mensch hat dreierlei Fähigkeiten. Er kann denken, reden und handeln, wobei alle miteinander übereinstimmen sollten. Sie sind mit ihm durch unsichtbare Fäden verbunden. Er kann aber etwas denken, etwas anderes dazu sagen und dann noch etwas anderes tun. Das wäre dann nicht ehrlich, zuverlässig oder wahrhaftig und hinterließe Verwirrung, nicht nur bei ihm selbst. Alle Fähigkeiten in Einklang zu bringen, wäre ein guter Anfang. Sogar kleine Notlügen sind nicht so harmlos wie gedacht, weil sie unwahr und trügerisch sind. Darauffolgende, gesetzmäßige, schicksalhafte Rückwirkungen sollten in Betracht gezogen werden. Die Reinheit der Gedanken ist von größter Bedeutung.

Jeder Geistfunke, der seinen eigenen freien Willen hat, soll ihn nur zum Guten betätigen. Was gut ist, ist in jedem tief im Inneren verankert und von ihm nicht schwer zu erkennen. Dabei helfen die Empfindung, das Gewissen, die innere Stimme, die alle geistige Eigenschaften sind. Manchmal versucht der Verstand den Geist zu überlisten, vielleicht verursacht durch falsche Erziehung oder Selbstsucht. Wenn ein Lichtlein wach bleibt, muss es diesen Verführungen nicht nachgehen.

Innere Gespräche und Auseinandersetzungen zwischen dem Lichtlein als geistigem Kern und dem Verstand sind bekannt. Es wird dem Verstand leider zu oft erlaubt, Sieger zu sein. Der bekannte Spruch „Zwei Seelen wohnen, ach! in meiner Brust" (Goethe) schildert dieses angebliche Dilemma, obwohl es in Wirklichkeit nur eine Seele ist, die zwischen dem Geist und dem Verstand hin- und hergerissen wird."

Das Lichtlein hatte öfter gemerkt, dass es bei Entscheidungen manchmal innerlich schwankte. Offensichtlich sind die inneren, geistigen Fähigkeiten vernachlässigt, wenn der Verstand, der auf die Materie und seine Vorteile ausgerichtet ist, seinen „Kinowirrwarr" am Laufen hält und es diesem erlaubt, zu übernehmen. Dann werden die Zusammenhänge und die Ziele des Lebens nicht ausreichend durchschaut.

„Man sollte sich bewusst sein, Wörter sind wie Saat, wie Kleinodien, die gut ausgewählt werden sollten, denn sie tragen lebendige Kraft in sich. Je präziser und feiner sie sind, desto mehr schwingen sie in der Empfindung, nicht im Verstand. „Im Anfang war das Wort" (Johannes 1,1), und den Menschen ist auf diese Weise ein Teil der Macht zum Aufbau und zur Mitgestaltung seiner Welt geschenkt worden.

Also, Gedanken haben eine formende Kraft. „Allem Anfang wohnt ein Zauber inne" (Hermann Hesse). Daher sind jeder Gedanke und jedes Wort der Beginn von etwas Aufbauendem oder aber Zerstörendem. Verbogene Begriffe, die Anderes oder Gegenteiliges andeuten, wie Kraftausdrücke, Flüche, Blasphemie, Fehlbezeichnungen und Lügen, die heute zunehmend gang und gäbe sind, sind destruktiv und keine Kavaliersdelikte. Selbst sinnlose Floskeln, die lediglich Leere füllen, sind überflüssig. Steigerungsajektive wie „super, mega, geil, toll", „echt, cool, total, voll" werden gedankenlos und im Übermaß bei jeder Gelegenheit verwendet, besonders von Kindern und Jugendlichen, die sie nachahmen. Wenn diese Ausdrücke weggelassen werden würden, könnte mehr auf die Schlichtheit einer Sache eingegangen werden und es ließe Raum für eine gehobenere Kommunikation. Wenn man erkennen würde, was für eine Schande es ist, das erhabenste Wort „Gott" als Fluch oder Schreckausdruck vielfach am Tag gedankenlos dahinzusagen, würde man sich zutiefst schämen. Auch der Gebrauch von Fremdwörtern wie Anglizismen, um sich als gelehrt oder gehoben zu präsentieren, sind unnötig, da es sich meist in der eigenen Sprache am besten ausdrücken lässt.

Die rechtmäßigen Auswirkungen all des zerstörenden Wortmülls, der auf diese Weise heraufbeschworen wird, kehren zurück, wenn auch anders als erwartet, weil der Sinn der Wörter verbogen wurde. Alle Gedanken, gute oder schlechte, sind mit dem Erzeuger fest verbunden und werden durch die Anziehung der Gleichart verstärkt. Seltsamerweise fühlen sich manche Menschen durch Äußerungen solcher Entartungen der Sprache wichtig und überlegen, doch die Rückwirkungen können nichts Gutes bringen. Zu oft wird gedankenlos geplaudert, wobei viel Gerede bekanntlich wenig Gutes bringt. Edle, reine Gedanken hingegen ziehen nur Erfreuliches an.

Gedanken sind nicht frei und ohne Konsequenzen, sogar auch dann, wenn sie nicht ausgesprochen werden. Sie rein und aufbauend zu gestalten, kann nur gute Ergebnisse hervorrufen, da Gleiches angezogen wird. Sie können wie ein Sprungbrett Richtung lichte Höhe sein oder führen in eine dunkle Grube. Unerwünschten Gedanken nachzulaufen und zu versuchen, sie zu berichtigen, kann keinen Erfolg versprechen. Es ist unerlässlich, die Quelle der Gedanken rein zu halten, das heißt, die innere Einstellung und Absicht durch gutes Wollen ohne Wenn und Aber so zu bewahren, dass sie nur Gutes und Schönes hervorbringen kann, schon bevor die Gedanken sich formen. Unerwünschte Gedanken fallen dann, wird ihnen keine Aufmerksamkeit geschenkt, von alleine weg."

Der Kahn kam auf dem See zur Ruhe und schaukelte leicht auf der Stelle, wobei ein Platschen am Rumpf zu hören war. Der Bootsführer streckte seine Hand aus, als würde er das weiße Gefieder des vorbeischwimmenden Schwans streicheln.

„Eine große Hilfe ist auch, künstlerisch zu empfinden, den Sinn für Schönheit, der an strahlenden Höhen erahnen lässt, zu erwecken. Dabei die begleitende Symbolik wahrzunehmen, ohne Worte, wobei der Inhalt und nicht die Beschreibung Priorität haben. Die Natur kommt durch Millionen Beispiele zu Hilfe. Man denke an Sonnenauf- und Untergänge, Landschaften, Tiere, Blumen und vieles mehr, die weit mehr als ihre Benennung kommunizieren können. Es sind Erscheinungen, die uns sprachlos machen. So kann auch eine Geste mehr als Tausend Worte vermitteln. Symbolik ist eine Art Sprache, die nicht zu verstehen ist, nicht gelernt sein muss, sondern im Inneren zum Erleben gebracht werden kann. Auch, wie man sich kleidet, soll sein inneres Wesen widerspiegeln. Vorgegebener Mode hinterherzulaufen, die meist einseitig und nur einen Teil des Körpers hervorheben will, zeigt Mangel an Individualität.

Diese Wirkung hat auch feine, erhebende Musik, die tief innerlich erlebt werden kann. Da ist der Kopf mit seinen erlernten Fähigkeiten und Sinnen im Dienst, um zuzuhören oder ein Instrument zu spielen. Wenn dem Verstand erlaubt wird, dazwischen zu funken, entstehen oft sogenannte moderne Kunstwerke oder derbe disharmonische Musik, die oft Krankheit und Unwohlsein ausdrücken und das Herz leer lassen."

Das kleine Licht sinnierte eine Weile. Ja, das Erkennen durch ein künstlerisches Auge ist ein unerklärlicher Prozess, bei dem der Verstand keine direkte Rolle spielt. Die Erfahrung ist wie eine stille Sprache, die im Inneren widerhallt und nicht intellektuell gelernt werden kann.

„Und dann kann es auch noch hilfreich sein, die Welt so schlicht und einfach wie ein Kind zu sehen, kindlich, wo der Verstand noch nicht vollständig übernommen hat. „Werdet wie die Kinder" (Matt. 18.3) ist kein leerer Spruch. Wenn wir Kinder Gottes schon wären, wie einige meinen, dann wäre es nicht nötig gewesen, dass Christus kommen musste, um uns zu zeigen, wie es gelingen kann. Es ist bekannt, dass Jesus seine Jünger meist aus einfachen, unbefangenen Menschen wie Fischern auswählte, die nicht so stark mit der irdischen Verstandsklugheit gefangen waren. Die Ausnahme war Judas, der zu den intellektuellen Gelehrten gehörte. Kindlichkeit hat eine Reinheit und Unbefangenheit, die das Schlaue oder auch das Kindische nicht haben. Wenn es ein ungezogenes Kind gibt, ist es unerzogen gewesen, wo die Reinheit verloren gegangen ist. Jedes gesunde Kleinkind strahlt Entzücken aus. Daher auch die oft liebevollen Taten und unbefangenen Weisheiten aus Kindermunde."

Es war offensichtlich: Alle Menschen sind gleich geschaffen, jedoch müssen sie geistig reifen, um Kinder Gottes zu werden. Es ist nicht entscheidend, aus welcher Kultur, Rasse, Religion oder aus welchem Sozialstand sie stammen. Der Mensch, wie er innerlich ist, ist ausschlaggebend.

„Ein Erwachsener kann auch eine kindliche Sicht des Lebens entwickeln und könnte beispielsweise im Ernstfall sogar wehrhaft seine Familie und sein Land in Liebe verteidigen. Dem Gegner liebevoll, wenn auch mit Strenge entgegentreten, und, wenn notwendig, ihn zurechtweisen, zur Rechenschaft ziehen, um ihn zur Erkenntnis seiner Missetat kommen zu lassen. Foltern oder Umbringen aus Hass, Wut, Aggression oder Rache als Vorschläge der Emotionen des Verstandes zeitigen keine guten Folgen und würden keinen Frieden bringen, aufgrund der Wechselwirkung. Unrecht walten zu lassen, ist auf keinen Fall richtig. Stark sein in der Verteidigung des Rechtes ist angesagt. Das Herz soll auf diese Weise nicht vom Verstand überschattet und verdunkelt werden. „Behandelt die Menschen so, wie ihr von ihnen behandelt werden möchtet." (Lukas 6.31)

Das wurde dem Lichtlein deutlich. Hasserfüllte Emotionen haben ihren Ursprung im Kopf, Empfindungen jedoch im

Herzen, die weit feiner sind und ein anderes Licht auf das Geschehen werfen. Jemandem etwas Schlechtes zu wünschen oder auch lustvolle Begierde aufkommen zu lassen, sind von der wahren Liebe weit entfernt.

„Das Sprichwort „Auge um Auge, Zahn um Zahn" ist kein Freibrief, um dem Angreifer dieselbe Missetat zu bescheren, sondern es ist eine Bestätigung des göttlichen Gesetzes der Rückwirkung, das nicht vom Menschen mit Hass zu erfüllen ist. Daher die weisen Worte „Liebe deine Feinde" und „Vergeltung ist mein, sagt der Herr". Auch „Die Mühlen Gottes mahlen langsam, aber überaus fein", zeigt dem Menschen, dass er sich keine Sorgen um endgültige Gerechtigkeit machen muss. Gewiss müssen Verbrecher aus dem Verkehr gezogen werden, nur es mangelt dann meist an passender Rehabilitation, wobei die Verbrecher von ihren bösen Gedanken und Wegen nicht loskommen und sie es schwer haben, bessere Menschen zu werden."

„Es ist zu bemerken, dass der Mensch mit seinem Verstand allein so gut wie nichts über Nächstenliebe gelernt hat. Er schätzt sich selbst als viel zu wichtig und erhaben ein."

„Die Eigenschaft Demut, wenn der Verstand mit seinen oft aufgeblähten Eigenschaften ganz klein wird, lässt den Geist frei aufkeimen. Je mehr der selbstbewusste

Geist ungute Anhaftungen ablegt, desto mehr kann der Wirrwarr der menschlichen Begierden und Verführungen durchgeschaut werden, um einen lichten Weg zum Wohle aller wählen und gehen zu können. Der Vorgang ist einfach, wobei ein standhafter Wille zum Guten und zur Tat aus dem Geist die größte Hilfe ist. Es soll mehr als Hoffen und Wünschen sein, die eher aus dem Verstand entspringen und allein nicht genügend Kraft zur Umsetzung in sich haben. Mit der Hoffnung ist noch nichts getan."

Der Bootsmann begann langsam wieder Richtung Ufer zu rudern. Es gab noch ein Anliegen, dass der Schiffer am Herzen lag.

„Eine weitere Hilfe, um auf die eigenen Fähigkeiten besser aufmerksam zu werden, ist, die Stille gelegentlich aufzusuchen. Das wertvolle Schweigen ist angesagt. Ziel ist, dass der Verstand, der keine eigene Verantwortung hat und in einem Wirrwarr von irdischen Gedanken oft erlaubt wird, das Sagen zu haben, weniger aktiv wird. So kann das Bewusstsein des Geistes rege werden mit seiner inneren Fähigkeit, auch bildhaft die Welt wahrzunehmen. Zum Üben kann ein ruhiger Platz, ein leiser Rückzugsort eine Hilfe sein. Wichtig ist es, sich nicht mit „Nichts" versuchen zu befassen, sondern eine einfache, natürliche, lichterfüllte Empfindung zuzulassen, womit der Geist sich befassen und entfalten kann."

Diese Wege zur Bewusstseinsentwicklung waren für das Lichtlein gut nachvollziehbar, da sie die Empfindung und weniger den Verstand ansprechen.

„Also, wenn solche Art Lebenseinstellungen verinnerlicht werden, können sie auch durch die geistige Fähigkeit der inneren Bildhaftigkeit belebt und entwickelt werden, was der Verstand allein nicht besitzt. Alles Erlebte muss in der Seele aufgenommen worden sein, was wohl als feinstoffliche Innenwelt bezeichnet und belebt werden kann. Kann dieses Sehen entwickelt werden?"

„Sicherlich. Die Fähigkeit, dass das innere Auge wahrnehmen kann, zeigt uns schon das Träumen. Doch viele Menschen versuchen verschiedene Meditationstechniken, die meist erfolglos oder nicht nachhaltig sind, weil sie im Kopf, im Verstand stattfinden, was zu einem trügerischen, kurzweiligen Gefühl der Erleichterung resultieren kann. Außerdem sind Wörter inklusive sinnloser Mantra im Kopf beheimatet, wo sie gelernt wurden, also keine verlässliche Voraussetzung, um den Versand nachhaltig zu beruhigen, und, wichtiger, den Geist zu stärken.

Es gibt viel zu entdecken. Eine geistige Sicht kann dadurch unterstützt werden, indem man entschlossen ist, das innere Licht des Geistes zu entfachen, nicht den Verstand zu korrigieren. Das bedeutet Gutes Wollen als Grundhaltung. Stille trägt dazu bei, dass die innere Welt bildhaft wahrgenommen und entfaltet werden kann. Mit Innenwelt ist nichts Eingeschränktes gemeint. Im Gegenteil, es ist der Weg, zunehmend das Große und Ganze des Daseins zu erfassen. Im Gegensatz zur Meditation soll nicht abgeschaltet, sondern geistig eingeschaltet werden.

Es könnte hilfreich sein, einen ungestörten Platz aufzusuchen, aufrecht zu sitzen und erstmal auszuatmen. Dann auf die natürliche, ruhige Atmung für kurze Zeit achten. Die Phase des Ausatmen ist zweimal so lange als die des Einatmen. Einige Male wahrnehmen, wie es ohne Zutun weise geregelt wird. Ein Geben und Nehmen. Die geschenkte Luft wird aufgenommen, sie fließt bis in jede Zelle und wird mit Dank gewandelt - man könnte sagen, veredelt, der Natur zurückgegeben. Sie ist eine wichtige Nahrungsquelle des Körpers, ohne die er nicht lange überleben würde. Es kann einem bewusst werden: Kraft, die überall in der Schöpfung fließt, fließt ähnlich wie die Luft durch den Menschen. So ist ihm die Kraft geschenkt, die er durch seinen Willen, wie beim Ausatmen, zum Guten lenken kann.

Man kann beginnen, ungezwungen, jedoch mit Aufmerksamkeit, lebendige Bilder, die lichtvoll, rein und natürlich sind, vor dem inneren Auge aufblühen zu lassen. Ein oder zwei Themen pro Sitzung würden reichen. Für jeden wird es etwas anderes sein, nichts nach starrem Rezept. Der Innenwelt bewusst werden. Das Wahrnehmen mit feinstofflichen Sinnen kann eine Weile dauern, bis die Bilder, die innerlich lebendig werden, zum Vorscheinen kommen, da dieser Vorgang meist ungewöhnlich ist. Nichts sollte erzwungen werden, sondern einfach gehalten und mit Geduld geübt werden.

Es mag eine entfaltende Blume sein, vielleicht eine Rose, die von der Knospe zur vollen Blüte bis hin zur Hagebutte sich wandelt. Einen Sonnenblumenkern, der sprießt, in die Höhe wachst und in Schönheit seinen Kopf mit hundert gemusterten Kernen der Sonne zurückstrahlt. Ein Löwenzahn zu einer Pusteblume. Oder ein Baum, der stark aufrecht wächst, dessen Wipfel, Äste und Blätter biegsam in einer Brise wehen. Es kann eine Landschaft oder eine Raupe, die zu einem Schmetterling wandelt, sein. Vielleicht ist es leichter, andere verinnerlichte Erfahrungen, die in der Seele schlummern und beeindruckt haben, zu beleben. Tausende Beispiele, bildhafte, farbenreiche Empfindungen, bei denen keine Bemerkung notwendig ist. Es sind die vielfältigen erlebbaren Qualitäten im Leben, die gegeben sind, wo ein Bewusstsein aufblüht über die wundervollen Erscheinungen, die auch von der Natur weise und verlässlich geschenkt werden. Es mag auch versucht werden, beispielsweise eine Blume zu beobachten, ohne zu denken, jedoch zu empfinden, wie sorgsam und wunderschön sie hergestellt ist. Dann die Augen schließen und nachempfinden.

Und weiter: Das innere Hören, sogar auch Schmecken, Riechen und Spüren von Erlebtem, ermöglichen mit der Zeit weitere, tiefere Erkenntnisse. So können auch Inspirationen klarer aufkommen. Die innere Bewusstheit wird lebendig. Es bedarf liebevoller, reiner Empfindungen, um im Alltag klarer zu beobachten und den Verstand beeinflussen und bereichern zu können. So werden auch feinere Qualitäten im täglichen Leben durch die geschenkte Aufmerksamkeit zunehmend bewusster. Natürliche Wunder der Schöpfung zeigen sich überall, die aber in der Geschäftigkeit des Alltags oft unbemerkt bleiben."

Das Lichtlein konnte erkennen: Jeder Mensch hat seine Vorstellungskraft, mit der er durch seine innere Vision sein Leben durch Anziehung letztendlich gestaltet, wie er es sich innerlich ausmalt. So landet jeder dort, wo er sich befindet. Es spielt Schicksal eine Rolle dabei: Rückwirkungen aus der Vergangenheit, die das Ziel unterstützen oder nach Erarbeitung den Weg freigeben. Alles, was sich entwickelt, wird zunächst als tief empfundener Wunsch gesät, wobei man seinen Mitmenschen gegenüber immer wohlgesonnen sein muss, um den Prozess nicht zu vereiteln.

Es gibt viele Wege, die zu einem wohlgefälligen Leben führen, aber allein gelassen wirkt der ungezügelte Verstand meist verirrt dagegen. Der Geist mit seinem Willen zum Guten ist der Wegweisende, wohl wissend und dankend, dass der Schöpfer viele Mittel für eine günstige Entwicklung bereitgestellt hat.

Der Wanderer war mit einem herzlichen Abschiedsgruß am Ufer abgesetzt worden und die Gestalt zog im Boot davon. Der schimmernde Schwan glitt hinterher Richtung Sonnenuntergang.

***

Kapitel 3   Die Hütte

Teil 1

Der Weg führte eine Strecke weiter entlang des Ufers, wo hohe Gräser ihre langen Schatten über den sandigen Boden warfen. Mit der Abenddämmerung kam eine ganz andere Stimmung auf. Rechts lief ein Pfad wieder in den Wald, als plötzlich ein Geschrei durch die Baumwipfel hallte. Der Wanderer musste sich dort an weniger Licht gewöhnen und ging dann tiefer zwischen riesigen Bäumen, deren Äste ihn vorwärts zu lotsen schienen.

Unerwartet huschte eine Eule lautlos knapp vorbei und verschwand dem Weg entlang. Mit Neugier folgte der Wanderer dem Pfad, obwohl es deutlich dunkler wurde.

Zwischen den Bäumen stand ein Reh, flüchtete aber nicht. Es war fixiert auf das Lichtlein. In der zunehmenden Dämmerung war ein flackerndes Licht zu sehen, das aus einem Fenster eines kleinen Häuschens leuchtete. Wie von einem Magnet angezogen, näherte sich der Wanderer dem Fenster und sah im Haus eine Feuerstelle, wo kleine Flämmchen lustig knackten und tanzten. Ein Tisch für zwei war gedeckt. Das Lichtlein wollte nicht stören und machte sich zurück auf den Weg, als die Tür sich öffnete, und ein Greis mit weißem Haar gütig lächelnd sagte:

„Ich habe dich erwartet, komm herein!"

Erstaunt folgte der Wanderer der einladenden Handbewegung des Mannes. Als er dann vor seiner Feuerstelle stand, war es dem Lichtlein, als würden die lodernden Flammen durch ihn hindurch leuchten. Und alles in dem Zimmer schien in Bewegung zu sein, was vielleicht an dem flackernden Feuer lag.

„Erfrische dich mit Speis und Trank nach deinem langen Tag."

Und so, mit Dank im Herzen, genossen die zwei eine willkommene Mahlzeit. Als sie ins Gespräch kamen, fiel dem Lichtlein auf, dass die wohlklingende Stimme des Mannes ihm bekannt und vertraut war, und schien aus einer großen Höhe zu kommen. Seltsam.

„Ich sehe, Du hast noch Fragen über das Leben, die auf Antworten warten. Aber für heute gehen wir noch kurz nach draußen und verabschieden uns von dem Tag."

Die Luft war kühler geworden und frisch. Nach einem kurzen Weg waren Glühwürmchen zwischen den Bäumen zu sehen, und das Lichtlein musste lächeln. Dann, auf einer Lichtung, wo Tau auf dem Gras die Füße kitzelte, schaute das Lichtlein nach oben und sah Milliarden glitzernde Sterne und einen riesigen Vollmond tief am Himmel, der gutmütig auf die Erde zu strahlen schien. Über so viel bezaubernde Schönheit konnte man nur sprachlos staunen. Die Eule rief und ihre großen Augen waren in einem Baum am Waldrand zu erahnen.

Zurück in der Hütte wartete ein Nachtlager auf den Wanderer. Nach tief empfundenem Dank umhüllte stiller Schlaf das Häuschen.

Am nächsten Morgen nahmen beide hinter der Hütte Platz, wo Blumen und Kletterpflanzen die Umgebung schmückten. In der Ferne war zwischen den Bäumen über Wiesen eine hügelige Berglandschaft zu sehen, über die die Sonne strahlte, und einige Schäfchenwolken zogen über den Himmel. Vögel zwitscherten und von weitem kamen die Glockentöne wieder, als würden sie durch das Weltall schallen. Das Lichtlein sagte:

„Eigenartig, es ist, als würde ich auf dieser Erde zu Hause sein, und doch bin ich als teilweise bewusstes kleines Licht nur ein Reisender. Ich kann meinem Körper befehlen, Sachen auszuüben, aber mein Verstand mit seinen Gedanken kann nur Irdisches wahrnehmen, weil Vieles unsichtbar ist."

Der alte Herr schaute in die Ferne.

„So ist es tatsächlich. Wenn der Geist mit Sonnenlicht verglichen wird, wäre der Verstand eher dem Mondlicht gleich. Der erdgebundene, materiell ausgerichtete Verstand im Großhirn mit seinen erlernten Eigenschaften und seiner begrenzten Wahrnehmung tut, als sei er wach - ist er aber nicht im Sinne eines vollen, lichten Bewusstseins. Das aber soll das Lichtlein, das „Ich", der Geist, der unabhängig vom Körper ist, aber seinen Zugang im Sonnengeflecht hat, entwickeln und beleuchten. Hier gibt es ein feineres, allumfassenderes Wachseinkönnen. Dies wird von Menschen gelegentlich erkannt, daher die Sprüche „Seine Mitte finden", „Ein Bauchgefühl haben" oder „Nur mit dem Herzen sieht man gut"."

Es wurde dem Lichtlein immer klarer, dass der Mensch, anders als meist gedacht, weit mehr als seine körperliche Erscheinung auf Erden ist.

„Der Körper, ein erstaunliches Werkzeug, ist für den Aufenthalt auf Erden notwendig. Er ist wie ein „Mantel mit schlauer Kapuze" geschenkt, um hier tätig werden zu können. Der Schlaf ist für die Kapuze, das Großhirn samt seinem zentralen Nervensystem, zur Erholung notwendig. Dabei arbeitet alles andere im Körper weiter. Das Lichtlein kann dann in andere Gefilde wandern, was das Großhirn, das auf Erden für Tagesbewusstsein zuständig ist, nicht fasst.

Im Tagesbewusstsein ist die Kapuze stets aktiv, eifrig alle Vorteile für sich suchend. Das Großhirn, das mit seinem Körper und den damit verbundenen Sinnen sehen, hören, fühlen, schmecken und riechen kann, ist dafür vorgesehen, sich ausschließlich mit Irdischem zu befassen. Das betrifft die Materie, das, was sich hier am dichtesten, untersten Ende der Schöpfung befindet. Der Verstand eines jeden hat sich über die Jahre mit allerlei individuell Erlerntem „programmiert"."

Das Lichtlein begann die Unterschiede zwischen dem Verstand und dem Geist klarer zu sehen. Der Verstand stammt also nur aus seinem materiellen Großhirn, das irgendwann wieder zu Staub wird. Er ist dazu da, auf Erden zu überleben, zu beobachten und auszuführen. Der Kopf sollte aber nicht alleine bestimmen und übernehmen, weil er den gesamten Überblick und die Einsicht in feinere Zusammenhänge nicht haben kann. Seine Wahrnehmung, wie bei einer unscharfen, getönten Brille, kann täuschen und entspricht daher nicht immer der Wahrheit.

„Es wird bemerkt, dass bei einem Ereignis jede anwesende Person mit ihrem Verstand, der nur seine eigene Wahrnehmung hat und deshalb nicht verlässlich ist, eine etwas andere Auffassung davon haben kann, die manchmal sogar gegensätzlich ist. Es wird nur angenommen, dass jeder dasselbe sieht.

Der Verstand ist jedoch auch der Ausgangspunkt der Wissenschaft, mit dem Ziel, Materielles, lediglich das, was als Teil der physischen Schöpfung schon vorhanden ist, zu entdecken und zu nutzen. Was dahintersteckt und die Materie belebt, kann er mit seinen Sinnen und Messinstrumenten jedoch weder erfassen noch wahrnehmen."

„Dann bin ich überhaupt nicht mein Körper, obwohl er sich so vertraut anfühlt", bestätigte das Lichtlein.

Ein Grashüpfer landete auf dem Ärmel des alten Mannes, der diesen behutsam wieder ins Gras legte.

„So ist es. Alle Körper werden präzise je nach Bedarf geformt, um dann belebt zu werden. Ein Lichtlein und sein Mantel samt Kapuze sind nur eng miteinander im Tagesbewusstsein verbunden durch das Nervensystem. Die Denktätigkeit im Kopf unterscheidet sich deutlich von der intuitiven Wahrnehmung, der inneren Stimme, dem Gewissen des Geistes. Allerdings ist das Zusammenarbeiten auf Erden unerlässlich. Wenn der Geist schwach ist, führt dies zu einer Abhängigkeit von äußeren Phänomene, wie einer Person oder einer Organisation, vielleicht auch schlechten Gewohnheiten, Stimulanzien oder Drogen.

Der Körper ist geschenkt, der Geist als Gast kann nur dadurch auf Erden tätig werden. Wenn der Körper keine Einschränkung erfährt, kann das kleine Licht ihn nach Belieben nutzen. Er muss sich um ihn kümmern, ihn nähren, ihn schützen und vieles mehr."

„So ist der Körper des Menschen als Instrument und Hilfsmittel zu betrachten und sollte entsprechend gepflegt und versorgt werden."

„Alle Übertreibungen sind für den Körper schädlich, da sie versuchen, etwas zu erzwingen. Einen gesunden Entwicklungsgang zeigt uns die Natur, wo keine künstlichen Sprünge gemacht werden. Forcieren, schneller, höher, weiter oder Muskeln übermäßig aufbauen, ist ein rein körperliches Bestreben und ein Zeugnis der Unzulänglichkeit, denn Seele und Geist gewinnen dadurch nichts.

Bewegung ist wichtig, jedoch werden körperliche Ertüchtigungen, jenseits einiger Therapien, als notwendiger Ausgleich für Trägheit, Blockaden und vorzeitige Degeneration durch einen falschen Lebensstil oft nachgegangen. Sie sind nur Einseitigkeit und Ablenkung, eine Verschwendung wertvoller Energie, und die Ursachen der Probleme werden nicht gelöst. Manche Menschen widmen mehrere Tage in der Woche Sportstudios in dem Glauben, dadurch länger leben zu können, und versäumen dabei das eigentliche Leben.

Körperlich zu prahlen, zu gewinnen und besser als andere zu sein, zeigt reinste Eitelkeit. Für den Verstand gilt es, als souverän zu erscheinen, was Neid oft auslöst. Es kann sein, dass aus der Angst, vom Sockel der vermeintlichen Überlegenheit zu rutschen oder vor dem Scheitern und der Leere des Seins zu stehen, oft Depressionen und Drogenkonsum resultieren."

„Die Vergänglichkeit des Körpers gegen die Beständigkeit des gereiften Geistes scheint eine unterscheidende Tatsache zu sein, über die bewusst zu werden wichtig ist."

„Reife bedeutet, den Prozess des Älterwerdens zuversichtlich anzunehmen und sich nicht künstlich an das Jungsein zu klammern, ähnlich einem Sprössling, das an der Entwicklung gehindert wird und verkümmert. Jede Phase des Lebens hat seinen besonderen Wert und sollte dankbar gelebt werden."

*

„Der Körper wird von vielen ineinander und miteinander funktionierenden Systemen, wie Skelett, Muskulatur, Herzkreislauf, Atmung, Verdauung, Organen, Hormonen, Haut, Nerven und vielen mehr, von bestimmten Kräften zusammengesetzt und erhalten. Keine einzige Zelle, wovon es viele Billionen verschiedene im Körper gibt, jede eine kleine Welt in sich, kann der Mensch selbst herstellen, geschweige denn am Leben halten. Wundheilung ist auch ein sichtbarer Beweis, wie unsichtbare Kräfte am Wirken sind. Der Geist kann jedoch mittels seines Willens den

Körper gut oder schädlich beeinflussen, woraus Gesundheit oder Krankheitszustände sich ergeben. So werden Krankheitserreger nicht jeden gleich treffen."

Es ist gut nachvollziehbar, dass der Körper als wertvolles Gefäß betrachtet werden sollte, damit der Geist sich durch das Erdenleben lenken und Gutes veranlassen kann. Eine Krankheit kann darauf hinweisen, dass nicht alles harmonisch gelaufen ist. Sie kann eine Aufforderung sein, den Lebensweg zu überdenken.

„Zweifellos. Obwohl der schulmedizinische Ansatz, den viele Menschen zur Krankheitsbewältigung bevorzugen, seine Erfolge haben kann, fokussiert er sich oft nur auf die körperliche Symptombehandlung, ohne die zugrundeliegenden Ursachen zu berücksichtigen. Auf diese Weise werden seelische Heilung und Reifung vernachlässigt.

Wenn durch Schicksal ein Teil des Körpers fehlt oder beschädigt wird, dann ist das Lichtlein, die innewohnende Person, nicht weniger es selbst. Das Geschehen kann vielmehr dazu führen, dass dadurch andere Prioritäten im Leben entdeckt und bewusster werden. Allerdings kann dies im Tagesbewusstsein nur wahrgenommen werden, wenn das Gehirn nicht beeinträchtigt ist, denn es fungiert als Mittler und Fenster zur Welt, sowohl für den Geist als auch für den Verstand.

Das Lichtlein, die Identität der Person, kann nicht gesehen werden. Der Geist kann lediglich erkannt werden durch die individuelle Form der körperlichen Hülle und Gestik, Mimik und Kommunikation, die das „Ich" auf individuelle Weise ausdrückt. Nur so kann der innelebende Geist sich zu erkennen geben."

„Der sonst so hochgepriesene Verstand hat lediglich die Aufgabe, mit geistiger Führung, irdisch tätig zu werden, hat aber selbst nicht die Fähigkeit, abgewogene Entscheidungen zu treffen."

„Genau, aber er wird erlaubt, so zu tun, als wäre er alleine befähigt. Der Geistesfunke, der aus lichten Höhen stammt und deshalb feinere Eigenschaften entwickeln kann, sollte die Kontrolle über den Verstand haben und ihn führen. Das wird Verantwortung genannt. Die Lichtlein sind jedoch immer schwächer geworden, fast erloschen, weil sie ihren Geistfunken kaum betätigen. Dem Verstand, dem Scheinlicht, wird das Ruder überlassen.

Der lebendige Kern des Menschen, der Geist, der seinen Zugang im Körper im Sonnengeflecht hat, wird besonders im Bauch und Herzen empfunden. Er sollte auf seinem Weg zum Erwachen sensiblere Fähigkeiten als nur durch das Großhirn entfalten. Seine intuitive Wahrnehmung feinstofflicher Einflüsse, die die grobstoffliche Umwelt belebt, soll er schärfen. Dabei können die Zusammenhänge erkannt werden, um Wichtiges von Unwichtigem zu unterscheiden."

„Erfahrungen sind nicht unbekannt, bei denen ein inneres Wissen und eine innere Gewissheit, manchmal gegen alle Vernunft, aufkommen und sich letztendlich als richtig herausstellen."

„Führung, die aus höheren Sphären jedem Lichtlein als Hilfe geboten wird, kann durch die innere Stimme, das Gewissen, die Intuition, als Eingebung von jenseits der Materie und des Verstandes aufgenommen werden. So können durch die Einsicht gute Beschlüsse getroffen werden, um eine weise Entscheidungsgrundlage für weitere Handlungen zu ermöglichen, die der Verstand allein nicht findet. Dabei kann das wache Lichtlein leiten, und der Kopf als Kundschafter und Diener führt nach Befehl aus."

Es wurde dem Wanderer immer sichtlicher. Es gibt einen großen Unterschied zwischen dem, was im Kopf und seinem Verstand in der Kapuze vor sich geht, und den Empfindungen im Bauch und im Herzen.

„Zumindest bis der Verstand im Großhirn, der lediglich ein Assistent sein sollte, zur Partnerschaft und zum Gleichklang gefunden hat. Er ist ein hervorragendes Instrument für den Erdaufenthalt, ist aber nur auf sich selbst und sein Überleben bedacht. Er hat keinen Sinn für Moral oder Ethik, der aber das Lichtlein besitzt. Der Verstand kann ja nur irdische Erscheinungen, das Vorhergegangene etwa, aufnehmen und bruchstückartig verarbeiten. Vieles Gelernte wird als wahr gedacht, ist aber oft nur Vermutung und kann täuschen. Dies kann manchmal zu falschen Vorstellungen oder Theorien führen, die unkorrigiert lange Bestand haben können. Der Verstand klammert sich gerne an das Altgewohnte.

Selbstverständlich sollten Lehren aus der Vergangenheit gezogen werden, um Fehler zu erkennen und neue, gute Wege einzuschlagen. Es ist jedoch nicht hilfreich, immer wieder über Missetaten oder vermeintliche Erfolge zu grübeln, da dann neue Ansätze schwerer aufkommen können. Liebevolle Gedanken des Respekts und der Dankbarkeit für Taten, die diejenigen für eine Sache in gutem Glauben gehandelt haben, sind nicht ausgeschlossen, aber an der Vergangenheit festzuhalten, sie zu loben oder zu beklagen, führen nicht vorwärts. Wiederholte Gedenkveranstaltungen zu Kriegsverbrechen und Morden, die die Erinnerungen wachhalten sollen, damit sie ja nicht vergessen werden, sichern jedoch nicht, dass sich ähnliche Gräueltaten nicht wiederholen. Sie können sogar Bösgesinnte durch Anziehung auf weitere schlechte Gedanken bringen. Außerdem sind spätere Generationen für die Verbrechen ihrer Eltern und Vorfahren nicht verantwortlich. Sie sollten vielmehr dafür sorgen, dass sie selbst aufrichtig und aufbauend vorwärts und aufwärts friedlich schreiten.

Die Vergangenheit, besonders die länger zurückliegende, wird im Rückblick immer sehr anders gewesen sein als gedacht und kann nie genau vorgestellt werden. Nur geistige Vorgänge haben Bestand und können auf bestimmte Weise aufgefangen und innerlich erlebt werden. Artefakte in Museen aus vergangenen Zeiten werden nie ein wahres Einfangen von damals ermöglichen. Sie können, wie Dokumentationen und Filme darüber, zum Staunen bringen und Fantasien anregen, jedoch sind solche Stückwerke aus der Vergangenheit vorbei. Auch darüber zu spekulieren, wann und wie ein Insekt, ein Tier oder das Sonnensystem entstanden sind, bringt dem Menschen nicht weiter. Wichtig sind die Dinge, die in der Gegenwart vor einem liegen."

„Wie wahr! Ein Großteil des täglichen Lebens wird oft damit verbracht, zurückzublicken und oft Ereignisse zu beklagen oder Sündenböcke zu finden, anstatt Misserfolge zu erkennen, abzuschreiben und sich mit Zuversicht fortzubewegen."

„Der Geist, das „Ich", lebt in der Gegenwart, zwar mit allen Erfahrungen in seiner Seele im Hintergrund, doch er ist nach vorne orientiert, genauso wie das Gesicht, das sich nicht am Hinterkopf befindet. Die Empfindung kann feine Zusammenhänge entdecken, was für den Kopf oft überraschend, befremdlich, ja sogar beängstigend sein kann. Der Verstand sucht die Sicherheit und Befriedigung im materiell Vorhandenen, in Geld, Hab und Gut und in der Technik, die alle in sich tot sind. Oder er hängt an alten Gegebenheiten, auch wenn sie als schädlich erkannt werden. Das Herz strebt darüber hinaus nach dem Lebendigen und hat Sehnsucht nach dem Licht, geistiger Entwicklung, Erfüllung und Reife.

Der Verstand, der als Teil des Körpers nur im Erdenleben tätig sein kann, wird erlaubt, so zu tun, als wäre er selbst Geist, was eine Fehlbezeichnung ist: Identitätsdiebstahl und Betrug. Mit vielerlei Gelerntem und Schläue wird er als „geistreich" bezeichnet und oft mit Auszeichnungen geehrt. Er wird als König gesehen, obwohl er Knecht ist. Seine Selbstsucht, Eitelkeit und Dünkelhaftigkeit werden oft als vorteilhafte Eigenschaften angesehen. Er meint, alles erreichen zu können und mit klugen Schachzügen und Tricksereien das maximale Materielle an sich zu reißen. Er ist auf Erwerb und Fang ausgerichtet. Gelingt dies nicht, kommt es zu depressiven Gefühlen, die das innere Licht nur noch mehr dämpfen.

Da gibt es auch die gierige und verbrecherische Ausbeutung der Erde und wie geplant des Mondes und weiterer

Planeten. Dabei kommt der Mensch nicht einmal mit dem, was er schon in Überfülle hat, zurecht. Vor seiner eigenen Tür auf Erden zu kehren, wäre zunächst das Wichtigste, anstatt weiteres Chaos zu stiften. Innere Schätze wären wichtiger zu entdecken."

„Das ist also die Verantwortung, die jedes Lichtlein hat. Nur so kann es richtige Wege einschlagen. Wie ist es möglich, im Frieden mit dem Verstand zu leben? Es ist oft, als wären er und ich unzertrennlich. Warum scheint er stärker, gar übermächtig zu sein?"

„Das ist nur eine Täuschung. Die lebendige Kraft des „Ichs", manchmal als „zweites Gehirn" im Bauch und Herzen empfunden, muss die Fähigkeiten des Großhirns richtig einschätzen. Der Geist kann auf Erden nur mit Hilfe des Nervensystems tagbewusst sein. Daher muss er stets mit Köpfchen arbeiten. Das „Ich" mit seinem Willen darf vom Verstand, der seinen eigensüchtigen Antrieb hat, um auf Erden zu überleben, nicht dominiert oder überrumpelt werden.

Es gibt eine wichtige Brücke zwischen dem Geist im Sonnengeflecht und dem Verstand im Großhirn. Es ist das Kleinhirn, das sich hinten unter dem Großhirn befindet, und über ein besonderes Nervensystem, das nicht schläft, verfügt, das feinere Schwingungen aufnehmen und weiterleiten kann. Es kann als sensibler Sender und Empfänger für geistige Aktivität gesehen werden und ist für feine Tätigkeiten zuständig, für Koordination und Gleichgewicht, nicht nur körperlich. Die Funktion des Kleinhirns ist im Laufe der Jahrtausende aufgrund geringer spiritueller Aktivität und der darauffolgenden Evolution geschrumpft. Was rastet, das rostet. Das Kleinhirn ist jedoch noch vorhanden, jetzt aber nur ein Sechstel so groß wie das Großhirn, besitzt jedoch fünfmal so viele Zellen. Es ist regelrecht von dem überentwickelten Großhirn überwuchert worden. Der so gezüchtete Verstand hat über die Jahrmillionen dazu geführt, dass eine einseitige, mangelhaft erdgebundene Sicht des irdischen Lebens entstand."

„Also, darum kommen alltäglich viele Fehleinschätzungen und Misserfolge auf, weil die verbindende Brücke des Kleinhirns als Leitstelle zwischen Geist und Verstand durch Untätigkeit atrophiert ist. Daher ist es für den Geist schwierig geworden, wenn er sich doch mal betätigt, den Verstand zu beeinflussen."

„So ist es. Die Wahrnehmung des Verstandes und die Wahrheit stimmen oft nicht überein. Die Wahrnehmung des Großhirns sollte sich jedoch der Wahrheit durch geistige Führung anpassen. Der Verstand mit seiner eigenen Sichtweise, wie mit Scheuklappen, kann die Zusammenhänge nicht erkennen. Leider wird gedacht, die Lösung wäre noch mehr und mehr durch kopfbetontes Lernen zu erreichen, um so manche verborgenen Rätsel des Lebens zu lösen. Auch digitale künstliche Intelligenz wird zunehmend zur Kompensation entwickelt, was zusätzlich leicht zu Illusionen und Trägheit führen kann. Eine gewisse Ausbildung ist selbstverständlich notwendig und hilfreich, um den irdischen Alltag zu bewältigen, aber innere persönliche Fähigkeiten und Neigungen zu entwickeln, werden dabei häufig vernachlässigt.

Der Verstand allein kann kein wahres Wissen erlangen. Er ist nicht dazu geeignet, sich mit Ewigkeitswerten zu befassen. Es gibt einen großen Unterschied zwischen kalkulierender Klugheit und der Weisheit. Um die Wahrheit zu entdecken, sind innere Bereitschaft und demütiges Suchen des Geistes für die feineren Zusammenhänge erforderlich. Dies hat der Mensch größtenteils verlernt. Doch stößt er manchmal unerwartet auf Erkenntnisse oder Entdeckungen, die trotz intensiver Verstandesarbeit wie nebenbei aufkommen und verblüffend sind. Im Nachhinein sind sie jedoch nachvollziehbar und immer gesetzmäßig. Lediglich die Wahrheit kann unerschütterliche Gewissheit, Klarheit und Überzeugung bringen. Was der geistige Mensch leisten und erreichen könnte, was nichts mit der Technik zu tun hat, ist jedoch kaum entwickelt."

„Der Verstand hat durch seine Erdgebundenheit vieles erreicht, dies allerdings nicht immer zum Guten eingesetzt."

„In der Tat. Erstaunliche Entdeckungen und Errungenschaften der Technologie sind das Gebiet des Verstandes, die zwar nur materiellen Nutzen haben, aber immer gesetzeskonform sind. Das betraf beispielsweise schon die Erfindung des Rades. Hier ist der Verstand in seinem Element, wofür er einen guten Ruf hat. Ein Nachteil kann dabei sein, dass manche irdischen Tätigkeiten und Erfindungen, die überflüssig oder schädlich sein können, den Alltag zwar bequemer und unterhaltsamer machen, aber die Gefahr mit sich bringen, dass die entstehende Trägheit den Geist weiter eintrübt. Sogenannte künstliche Intelligenz und Animation mithilfe des Stroms in der Technik spart zwar persönliche Energie, führt aber oft zu Schwächungen der körperlichen und seelischen Fähigkeiten, was leider meist schon viel zu früh im Kindesalter beginnt. In der Folge lehnen sich die Menschen zurück, dämmern vor sich hin und verkümmern, in der Meinung, Fortschritte zu machen. Man bedenke: Wenn es keinen Strom mehr gäbe, um die Technik zu betreiben, wie die Lage auf Erden sein würde."

Das Lichtlein sah ein, wie abhängig der Mensch von der Technik geworden ist, die ihn oft von dem Sinn des Daseins ablenkt, statt ihn zu unterstützen. Aufgrund seines Ursprungs gehört er der Erde nicht langfristig an, aber als Besucher sollte er zu frohem Aufflammen und Leuchten gebracht werden, um ideale Zustände zu schaffen. Wenn das gelingt, würde der Weg in die lichte Höhe selbstverständlich sein. Selbstsucht und Täuschung des Verstandes vernebeln den Weg.

„Versuchungen, Übles und Böses, die lediglich in den Niederungen zu finden sind, haben nur Zugriff durch die Kapuze, den Verstand. Nur der Mensch kann das Böse willkommen heißen, zulassen und ausüben. Deshalb muss jedes Lichtlein wach bleiben und die Zügel in der Hand behalten, um gute und lichte Entscheidungen zu treffen. So soll Nützliches von Gefährlichem unterschieden werden. Diese Bemühung führt zur Reifung. Tragischerweise kann der Geist, der wählen kann und daher Verantwortung trägt, lässig sein oder schlafen. Dadurch kann viel Ungutes von ihm blind akzeptiert werden."

Das kleine Licht erkannte, dass das Besondere am menschlichen Geist darin besteht, dass jeder mit Unterstützung der Natur die Möglichkeit erhält, freiwillig zu entscheiden, Gutes zu tätigen, indem er die ihm gegebene Kraft dafür einsetzt. Es wurde einleuchtend, warum so viel menschliches Denken und Handeln schieflaufen.

***

Die Hütte

Teil 2

Der Garten des Häuschens war durch einen Baum vor der zunehmenden Wärme der Morgensonne geschützt, und die Gesellen schwiegen. Es herrschte Stille, unterbrochen nur vom gelegentlichen Klopfen eines Spechts und dem Ruf eines Kuckucks in der Ferne. Inspiriert nahm der Wanderer eine Flöte aus seinem Rucksack und spielte einige Lieder. Die lieblichen, wohlklingenden Töne ließen die Augen des alten Mannes feucht werden, und ein vorbeihüpfender Hase blieb kurz stehen und spitzte seine langen Ohren.

Dann wurde das Thema „menschliches Versagen" von dem alten Herrn wieder aufgenommen.

„Die meisten Erziehungsmaßnahmen und Ausbildungsgänge sind schon von Kindheit an schwerpunktmäßig auf den begrenzten Verstand ausgerichtet, was nicht ausreicht, weil damit das innere Lichtlein und seine Seele vernachlässigt und getrübt werden. Das Gelernte ist in sich nicht lebendig, weil es von anderen abgeguckt und keine Selbsterfahrung, kein eigenes Erleben ist. Es sind fremde Gedanken, die sogar nicht immer wertvoll oder stimmig sind. Die meisten Kinder spüren dies und sind froh, wenn die Schulstunden zu Ende sind. Später, trotz hoher Ausbildung, sind sogenannte Spezialisten und Experten mit deren Rat aufgrund mangelnder Überblick und Erkenntnis oft erfolglos, weil sie den Wald vor lauter Bäumen nicht sehen. Für den Verstand kommt vieles ganz anders als gedacht. Da hat ein einfach gestrickter Mensch häufig mehr Einsicht.

Bei einem Kind sollte in Betracht gezogen werden, dass sekundäre Erlebnisse wie Filme und virtuelle Spiele durch digitale Geräte fesselnd sein mögen, die aber nicht wie bei Erwachsenen verarbeitet werden können. Es fehlen die Erfahrungen und das Bewusstsein dafür. Was aufgenommen wird, dringt ohne bewusste Unterscheidung oder mögliche Aufarbeitung tief in die Seele ein, wo es gären kann. Erst nach Erlebnissen aus erster Hand kann eine Verarbeitung der Realität stattfinden, um solche Informationen und Erlebnisse richtig einzuordnen. Das Kind so schnell wie möglich mit einem Bildschirm vertraut zu machen, lähmt die gesunde Entwicklung, weil es zudem eine unangemessene, phlegmatische, paralysierende Tätigkeit ist. Filme und Fernseher zu schauen, geschweige denn die Inhalte aufzunehmen – oft mit verbogenen Zeichentrickgebilden und quietschenden Stimmen – sind Gift für die kindliche Entwicklung. Fantasie oder erwachsenen Themen ausgesetzt zu sein, werden auch keine gesunden Folgen zeitigen.

Eine enge Beziehung zu den Eltern oder Ersatzbetreuer ist wichtig, aber das Umarmen und Küssen der Kinder durch Verwandte und Bekannte, die ihren eigenen Bedürfnissen dabei frönen, sind übergriffig. Das Kind kann sich nicht wehren und sollte respektiert werden. Das schließt die Liebe nicht aus.

Was oft vergessen wird, ist, dass die Welt eines Kindes bis nach der Pubertät nicht wie die der Erwachsenen erlebt werden kann. Es bedarf sorgfältiger, geschützter Einarbeitung in das Leben, um den Geist nach und nach zum Erwachen zu bringen und zu stärken. Das zu gewährleisten, ist eine verantwortungsvolle Aufgabe aller Eltern und Erzieher. Man sollte bewusst sein: Der Weg des Kindes ist nicht der seines Mentors."

„So ist zu verstehen, dass die Bildung von Kindern, wie sie meist einseitig angeboten wird, eine gute Entfaltung selten unterstützt, da oft fragwürdige Inhalte geboten werden und geistige und seelische Bedürfnisse wenig Berücksichtigung finden."

Der alte Mann seufzte und nickte.

„Die Erziehung der Kinder und das gesamte Bildungssystem werden kaum den verschiedenen Geschlechtern entsprechend angewandt und kommen den einzelnen Entwicklungsstufen und den unterschiedlichen inneren Neigungen selten nach. Schon beim unbeeinflussten Spielen sind bei Jungen und Mädchen deutliche Unterschiede zu beobachten. Mädchen werden leider in Teilen der Erde als minderwertig betrachtet und von gesunder Entwicklung gesperrt, oder es werden ihnen eher männliche, gröbere, irdische Tätigkeiten beigebracht, wodurch sie oft unter diesen Prägungen für den Rest ihres Lebens leiden. Das geschieht, weil die ersten Phasen auf Erden die der Nachahmung sind und tiefe Spuren hinterlassen.

Die feineren weiblichen Fähigkeiten gehen leider meist verloren, da sie vernachlässigt oder unerkannt bleiben. Einen Partner zu finden und ein Kind gebären zu können, sind nicht die Hauptaufgaben einer Frau. Ein Kind zu bekommen ist eine hohe Begabung, doch hauptsächlich ein natürlicher, wesenhafter Vorgang, der auch den Tieren vollkommen zu eigen ist. Frauen, deren angeborene Talente kaum erkannt oder von ihnen gelebt werden, gelten vielleicht auch deswegen in vielen Kulturen als Menschen zweiter Klasse."

Das Lichtlein erkannte, dass die Frau weltweit meist für minderwertig gehalten wird, was eine traurige Tatsache ist und sicherlich nicht ohne schädliche Konsequenzen.

„Die Natur lebt im Willen Gottes, wird vom Licht geführt, und die Weiblichkeit kann sich durch ihre feinere Empfindsamkeit leichter damit in Verbindung setzen. Die Frau ist bekanntlich und sprichwörtlich mehr naturverbunden. Der Mann, der in seiner Natur grundsätzlich mehr erdgebunden ist, müsste diese lichte Verbindung und das dadurch natürliche Führenkönnen durch die Frau anerkennen, respektieren, zulassen und sich anpassen, um Harmonie und gute Entwicklungen zu gewährleisten. Zu führen bedeutet nicht, dominant zu sein."

Das leuchtete ein. Die natürliche Vorgehensweise wäre, dass die Weiblichkeit wegen ihrer feineren Empfindung und Affinität zu den lichten Höhen eine Führungsrolle hat, was sogar ohne Worte geschehen kann. Die Männlichkeit führt aus, nachdem sie von weiblichen Einflüssen geführt wird. Die Weiblichkeit müsste dazu ihre hohen Fähigkeiten wiedererlangen. Wie anders es auf Erden aussehen würde, wenn dies so vonstatten ginge!

„Die ersten Jahre der kindlichen Nachahmung, noch bevor der Verstand ausgebildet wird, sollten nicht unterschätzt werden, da diese das Fundament für späteres Verhalten legen. Diese Erfahrungen prägen tief ein, wie Eindrücke in warmem, weichem Wachs, das langsam härtet. So sind Vorbilder und wahrheitsgetreue Erfahrungen für Kinder von höchster Wichtigkeit, um die Kulissen ihrer späteren Lebensbühnen von sich aus klar wahrzunehmen. Erlebnisse, beispielsweise von Streit und Gewalt, prägen tief ein, und wenn der Geist später im Leben schwach ist, können schlummernde Erfahrungen ausbrechen. Eine liebevolle, spielerische Disziplin ist eine stärkende Grundlage, wodurch Grenzen und langsam beginnende Verantwortung als selbstverständlich angenommen werden. Zwang wird überflüssig. Kindgemäße Rituale und Regelmäßigkeit bringen Sicherheit. Bevor die eigene Persönlichkeit in der Pubertät nach und nach zum Vorscheinen kommt, zeigen sich Trotz und Frechheit meist als nachgeahmte und erlernte Eigenschaften."

„Es ist eindeutig zu bemerken, dass das Verhalten von Kindern sich grundsätzlich anders zeigt als das von Jugendlichen, Erwachsenen oder älteren Menschen. Liegt es nur an der Erfahrung und Entwicklung?"

„Die verschiedenen Temperamente, die durch die veränderliche Blutzusammensetzung und ihre Ausstrahlung Einfluss haben, sollten auch bedacht und geschätzt werden. Sie helfen bei der Entwicklung in jeder irdischen Lebensphase. In den Elementen kann auch eine Spiegelung gesehen werden. So ist bei einem Kind das luftige, sorglose Sanguine normalerweise vorherrschend, später im jugendlichen Alter die bewusstere Verbindung zum Irdischen, das sehnsüchtige, wehmütige, seriöse Melancholische. Dann im erwachsenen Alter das feurige, tatkräftige Cholerische und zuletzt das wässrige, ruhige, nachdenkliche Phlegmatische. Diese unterschiedlichen Qualitäten treten selten allein auf. Es gibt eine Mischung, wobei ein Element meist überwiegt. Ein Gleichgewicht ist jedoch in jeder Lebensphase anzustreben. Wie bei jeder Übertreibung kann ein Übermaß von einem Temperament zu einem Krankheitsbild führen, vielleicht angefangen mit Hyperaktivität, Depressionen, Wutausbrüchen und Trägheitsstörungen."

Faszinierend, dachte das Lichtlein. Das erklärt die grundsätzlichen, eindeutigen Unterschiede im Verhalten und Gemüt in den verschiedenen Abschnitten des Lebens.

„Ein Kind zeigt viel Heiterkeit. Lebhaftigkeit, Lachen und Weinen, stolpern und schnell wieder aufstehen, wechseln rasch. Der Melancholiker ist tiefsinnig, er kann das Leiden der Menschheit spüren und nimmt das Leben ernst. Der Choleriker ist impulsiver, voller Taten- und Schaffensdrang. Der Phlegmatiker ruht in sich selbst, ist gelassen und reflektiert und gibt seine Erfahrungen gerne weiter.

Beispielsweise muss ein Notarzt, der sich in der überwiegend tatkräftigen cholerischen Lebensphase befindet, auch schnell, flexibel und handlungsfähig sein, Empathie für den leidenden Patienten empfinden und mittels seiner Erfahrung gelassen agieren können, wobei alle Temperamente in diesem Fall in unterschiedlichem Ausmaß zum Tragen kommen."

Das Lichtlein erkannte: Die unterschiedlichen Temperamente spiegeln sich auch in den vier Jahreszeiten wider: Frühling, Sommer, Herbst und Winter. Und sie kommen bei verschiedenen Völkern zum Ausdruck, die auf unterschiedlichen Landmassen leben, wobei das eine oder andere Temperament vorherrscht und die Entwicklung einer Kultur beeinflusst. Der Ausdruck „temperamentvoll" hat sich im Volksmund auf eine eher sanguinische Veranlagung reduziert.

„Die Temperamente beeinflussen auch die Art und Weise, das Leben zu erfahren. Was für eine Person beglückend ist, kann eine andere traurig stimmen. Die innere Einstellung, die auch bewusst gelenkt werden kann, färbt das wahrgenommene Leben. Dem vermeintlich trüben Alltag beispielsweise mit einem offenen Herzen und ehrlichem Lächeln zu begegnen, wird in so mancher Situation schnell Leichtigkeit ins Schwere bringen."

Der betagte Herr streichelte eine vorbeistreichende Katze, die sich an seinem Stuhlbein rieb, die von drei kleinen Kätzchen gefolgt wurde. Dann sagte er gedankenversunken:

„Es wäre gut, wenn manche Eltern ernsthafter darüber nachdenken bzw. empfinden würden, was ihr Kind wirklich benötigt, um es sicher aufwachsen und gesund entwickeln lassen zu können. Es wird sich nicht von allein nebenbei großziehen lassen, weil es geführt werden muss. Mit einem Kind zu diskutieren oder zu argumentieren und es wie einen kleinen Erwachsenen zu behandeln, ist zum Scheitern verurteilt. Derartige Fähigkeiten, die ein Bewusstsein erfordern, können sich nur allmählich und im Laufe der Jahre entwickeln, wenn der Geist zunehmend zur Anwendung kommt.

Verhaltensauffälligkeiten, die typischerweise in der Jugendphase vor dem Erwachsenenalter verstärkt auftreten können, sind meist auf Unsicherheit, Falscherlerntes und unklare Botschaften in der Kindheit zurückzuführen, und möglicherweise langsam hervortretende Eigenschaften aus der Seele. Der Spruch „Wie die Alten sungen, so zwitschern die Kleinen" erklärt manch späteres Verhalten. Ein Kind sollte ein Kind sein dürfen, das die Phasen der Entwicklung ungezwungen durchleben darf, das ganz selbstverständlich zu seinen Eltern aufschaut und sie respektiert. Es soll aber nicht am erwachsenen Austausch, den es nicht verstehen kann, teilhaben."

„Ein Kind kann sich seiner geistigen Identität, seinem „Ich" und der daraus resultierenden Verantwortung offensichtlich nur langsam bewusst werden. Es bedarf daher einer geschützten und einer sorgsamen Einführung in das irdische Leben."

„Kinder sind in einer wesenhaften Phase, in der der Verstand noch nicht ausgebildet ist und der Geist noch nicht voll arbeiten kann. Wenn ein Haustier, das auch keinen erwachsenen Verstand hat, sich unangemessen verhält, kann es falsche Signale aufgenommen haben. Es ist dadurch vielleicht traumatisiert und wird sich auf verbale Aufforderungen, Tadel oder Strafen nicht ändern. Hier müssen Frauchen und Herrchen oder aber die Erziehungsberechtigten für das Kind das gewünschte Verhalten mit liebevoller Rückmeldung loben. Dies sollte mit möglichst geringen verbalen Äußerungen geschehen und mit wenig materiellen Belohnungen wie Leckereien, die als Bestechung fungieren und schnell erwartet werden. Sinnvolle Grenzen, die konsequent eingehalten werden, führen zur Sicherheit und werden schnell akzeptiert. Ein „Ja" soll immer ja sein und ein „Nein" nein. Viel Leid kann so für alle gespart werden. Sollte die Regel gebrochen werden, sind Unsicherheit und Fehlverhalten die Folge.

Eine große Hilfe in der Entwicklung eines Kindes ist es, ihm viele Erlebnisse in der Natur zu ermöglichen, denn dies bringt gesunde Erfahrungen und eine Verbindung zum Schöpfer mit sich, für die es sehr empfänglich ist. Eine gute Entwicklung wird gefördert, indem es so viel wie möglich aus eigener Kraft vollbringt und nicht von den Eltern übermäßig verwöhnt wird."

„Das klingt alles so einfach, und doch ist zu sehen, dass Eltern die Erziehung oft durch Widersprüchlichkeiten und gemischte Botschaften erschweren; An einem Tag dies, am nächsten Tag das. Das Kind wird oft gezwungen, sich den Bedürfnissen der Eltern oder anderer Erwachsene anzupassen, was nicht seiner Welt und seiner Entwicklung entspricht. Das unglückliche Kind wird dann von den verzweifelten Eltern unangemessen getadelt oder verhätschelt."

„Auch ein zu früher Beginn mit technischen Spielereien oder ein erzwungener enger Kontakt mit dem anderen Geschlecht, insbesondere in der späten Kindheit und frühen Jugend, sind Gift für eine gesunde Entwicklung. Entsprechende Interessen kommen normalerweise später im Leben auf. In der Vergangenheit gab es ein Bewusstsein dafür, dass verschiedengeschlechtliches Zusammendrängen, beispielsweise in Schulen, beim Turnen und in Gebetshäusern, unpassend ist. Ein natürliches Auseinanderhalten fand statt. Das freizügige Alles-Erlauben im Namen modernen Fortschritts zeigt sich weder als förderlich noch als gesund. Einem Mädchen die Möglichkeit zu geben, schwanger zu werden, ist seitens der Erziehungsberechtigten ebenso fahrlässig wie die Versorgung eines jungen Burschen mit gewaltverherrlichenden Videospielen. Liebevolle Führung und Fürsorge müssen nicht prüde sein. Jedoch, ein Kind bei unangemessenen Beschäftigungen freie Hand zu lassen, wird schnell zu Problemen führen. Es gibt täglich unzählige Filme und Videospiele mit Waffen und Gewalt - von Frauen und Männern vorgeführt, die im Namen der Gerechtigkeit als Helden dargestellt werden. Es wird gelernt und verinnerlicht, dass das der Weg zu Problemlösung und Frieden sein soll. Das zunehmende Aufkommen von Gewalttaten, das schon im späten Kindes- und frühen Jugendalter immer öfter aufkommt, sollte keine große Überraschung sein."

„Nachahmung ist ein oft unterschätzter Prozess in der Entwicklung eines Kindes, das noch keine geistige Wahrnehmung auf der Erde entwickelt hat. Offensichtlich verleihen Rahmenbedingungen von Anfang an Verlässlichkeit, um die Welt des Kindes zu schützen. Warum gibt es eine solche Verletzbarkeit?"

„Da der Geist auf der Erde fremd ist, das heißt nicht materiell, muss er nicht nur von seinen Eltern beschützt werden. Er hat mehrere Schutzhüllen mit zunehmender Dichte und Gewicht auf dem Weg in die Niederungen der Schöpfung erworben. Ein neugeborenes Kind bringt alle mit, so auch seinen feinstofflichen Körper. Der irdische Körper ist die letzte Hülle. Bekleidung ist schließlich eine unentbehrliche allerletzte Bedeckung, deren Tiere ohne geistigen Kern nicht bedürfen. Öffentliche Nacktheit, die Mode vorgeben mag, zeigt Mangel an geistiger Würde und Integrität.

Die angeborenen natürlichen Eigenschaften der Schamhaftigkeit und eine gewisse Schüchternheit sind wertvoll und sollen Seele und Geist vor fremden und groben Einflüssen schützen. Leider wird oft angenommen, dass man sich schnell in die Gesellschaft bedenkenlos integrieren und all Zurückhaltung so rasch wie möglich fallen lassen soll, wobei Schamlosigkeit, künstliches Selbstbewusstsein und Scheinkompetenz zum Ausdruck kommen. Dies ist bereits bei frühreifen Kindern zu beobachten und später im promiskuitiven Verhalten. Was bei gesunden Kindern kostbar ist, geht bei anderen oft früh verloren. Es ist jedoch erfreulich zu sehen, wenn bei unverdorbener Jugend, Bescheidenheit, Sittsamkeit und Demut sich zeigen."

*

Das Lichtlein erkannte, dass die verschiedenen Bedürfnisse von Kindern ein wichtiges Thema ist, und fragte weiter, was es mit der Negativität und Positivität auf sich hat.

„Du erinnerst Dich. Am See erfuhrst Du über die Kraft, die der Schöpfer in sein Werk gießt, die sich als positiv und negativ spaltet. Eine Auswirkung betrifft die Gattung Mensch, wobei zwei Geschlechter mit eindeutigen Unterschieden entstehen.

Weil jeder Geist seinen eigenen Willen und Entscheidungsfähigkeit hat, wenn auch am Anfang zart, findet die Geschlechtsentscheidung schon während der Reise in die Niederungen statt. Er neigt zunehmend entweder zu eher männlichen, gröberen, nach außen gerichteten und positiven Aktivitäten oder zu weiblichen, feineren, mehr delikaten, passiven, empfänglichen, negativen Tätigkeiten. Der Begriff „Passiv" hat hier nichts mit Nichtstun zu tun, und „negativ" ist nichts Schlechtes oder Unerwünschtes. Darunter versteht man die innere Einstellung, entweder eher zurückhaltend, feinsinnig, empfänglich oder mehr nach außen gerichtet, mit Gröberem aktiv zu sein."

Das hatte immer gestört, wenn unangenehme, schlechte, unerwünschte Ereignisse mit dem Wort „negativ" abwertend bezeichnet werden.

„Negativ und positiv müssen von Natur aus gleichen Wert haben."

„So ist es. Die Entscheidung, als Mensch weiblich oder männlich zu sein, bleibt für die ganze Reise in den Niederungen. Jedoch kann, wenn im Laufe der Zeit die entgegengesetzten Geschlechtsqualitäten zu sehr angewandt und die eigenen vernachlässigt werden, eine Inkarnation in das nicht ursprünglich vorgesehene körperliche Geschlecht vorkommen. Das dient als selbsterzeugte Erfahrungshilfe, was sich dann als ungewohnt anfühlen kann.

Es ist bekannt, dass sich manche Menschen im falschen Körper fühlen, doch es gibt ihnen die Möglichkeit, sich ihrer eigenen wahren Natur bewusster zu werden. Es lohnt sich zu überlegen, ob, wenn man sich so einer selbsterzeugten Ausarbeitung des weisen Schicksals widersetzt, die Abweichung für die Zukunft sich auflösen kann oder sich eher verschlimmert, indem man sie öffentlich feiert oder sich sogar einem chirurgischen Eingriff mit künstlicher Hormonbehandlung unterzieht. Gegen das Schicksal zu kämpfen wird keine guten Folgen haben können."

„Es scheint, dass jedem Menschen, so wie er geboren wurde, die Möglichkeit gegeben wird, sich zu entwickeln und zu reifen. Das muss auch für Hautfarbe, Nationalität oder Kultur gelten. Alles entfaltet sich weise nach Gesetz."

„Wenn der Schöpfer die Einheitlichkeit der Menschen gewollt hätte, wären keine verschiedenartigen Menschengruppen an für sie passenden Orten der Erde zustande gekommen und entwickelt worden. Jede Kultur hat ihre Qualitäten und ihre Schönheit, die gepflegt, weiterentwickelt und nicht von anderen nachgeahmt werden sollte. Die Vermischung und Verdünnung von Kulturen sind Gefahren der Globalisierung. Respekt und Rücksichtnahme gegenüber denen, die anders erscheinen, aber ebenso eine Daseinsberechtigung haben und die an ihrer Entwicklung arbeiten, sind gefordert."

„Warum wird im Volksmund das Positive mehr gepriesen und bevorzugt, das Negative jedoch eher als schlecht, abfällig und minderwertig angesehen?"

„Daran krankt die Menschheit. Die Männlichkeit hat diese Sicht verbreitet und die Weiblichkeit hat es nicht verhindert. Es wurde nicht erkannt und die Sicht hat sich zur Gewohnheit entwickelt. Die wertvollen negativen Kräfte sind Mangelware geworden. Dadurch fließt das Leben nicht, wie es sollte: Es fehlt das Gleichgewicht beider Geschlechter.

Im Großen und Ganzen hat der Mann durch seine gröbere Natur in der stofflichen Welt seine irdische, körperliche Stärke durch den Verstand mit Dominanz erreicht, und daher ist die Weiblichkeit in den meisten Kulturen unterdrückt. Weil das Weibliche jedoch dank ihrer Begabung das Empfindsamere und Empfänglichere ist, sollte es mehr mit den lichteren, höheren Ebenen verbunden und so eigentlich das Stärkere führend sein. Dies wird in dem Spruch „Hinter jedem erfolgreichen Mann steht eine starke Frau" deutlich. Stark bedeutet aber nicht, sich männlich zu verhalten, weder mental noch physisch. Es gibt Tätigkeiten, die passender für den Mann sind, wie öffentliche Arbeit und gröbere Aktivitäten. Es ist die Fähigkeit der Frau, als mehr naturverbundenes Wesen das Männliche zu beeinflussen und zu leiten. Es bedarf auch keiner körperlichen Beziehung. Wenn sie ihre Talente lebt, wirkt allein ihre Anwesenheit schon aufbauend."

„Dass es feine und zugleich gewaltige Unterschiede zwischen der Weiblichkeit und der Männlichkeit gibt, ist nicht zu leugnen. Von Natur aus sind sie dazu geschaffen, einander respektvoll zu ergänzen."

„Wenn die Frau richtig lebt, hat sie ohne Bemühung eine bezaubernde Ausstrahlung, die an die Höhe erinnert. Da bedarf es keiner Schminke, keiner Stöckelschuhe oder Tattoos, die alle nur Entstellungen sind. Vorgegebene Mode, wie Schafe nachzulaufen, bis hin zum Tragen zerrissener oder knapper Kleidung, zeugt von Mangel an Integrität, Sinn für Schönheit und Individualität. Auch einer

Nutte ähnlich auszusehen, hat nichts mit wahrer Weiblichkeit zu tun und ist kein Weg, echte Männlichkeit zu beeindrucken. Sie braucht sich nicht zur Schau zu stellen und erführe dann erst recht Achtung. Goethe formulierte: „Das Ewig-Weibliche zieht uns hinan". Um ihre feineren Fähigkeiten zu nutzen und nicht zu schwächen, sollte sich die Frau im irdischen Dasein nicht vergröbern, eitel werden, sich entblößen oder modisch knapp bekleiden, was nur einem irdisch körperlichen Reizenwollen und einer Gefallsucht des Verstandes zugrunde liegt. Ob das mehr als primitive Instinkte bei bestimmten Typen von Männern aufruft, ist fraglich.

Auch das Anstreben von Macht, Geld oder Ruhm bedeutet keine Stärke. Die Gleichberechtigung von Mann und Frau als geistige Geschöpfe ist unbestreitbar. Es gibt jedoch geschlechtsspezifische Aufgaben, die den Fähigkeiten und Veranlagungen entsprechend passender für den Mann oder die Frau sind.

Die heutigen zunehmend akzeptabel gewordenen Eitelkeiten sind schwer mit wahrer Weiblichkeit zu vereinbaren. Seinem Gesicht zu schminken, um einen falschen Eindruck zu verleihen, kann nicht als offen und ehrlich gelten. Eine Frau, die die gröberen Aufgaben eines Mannes übernimmt und sich wie ein Mann kleidet oder verhält, unterdrückt ihre Weiblichkeit, auch wenn sie etwaige männliche Tätigkeiten gut ausführen kann. Bei bezahlten Aufgaben, die sowohl von Männern als auch von Frauen ausgeführt werden können, ist es selbstverständlich, dass beide gleich vergütet werden sollten."

„Es ist auffällig und wirkt skurril, wenn Frauen versuchen, Männlichkeit in ihrem Verhalten nachzuahmen. Dies gilt auch, wenn Männer Frauen nacheifern und sogar das Bedürfnis haben, sich übertrieben öffentlich darzustellen, wobei es dann als ausgefallen gesehen wird. Aber, egal welches Geschlecht, von den Rollen der Männlichkeit oder der Weiblichkeit kommt man schwer weg."

„Heute strebt das weibliche Geschlecht mehr denn je nach männlichen Attributen an, auch wenn diese wahrlich oft nicht als erstrebenswert gelten können. Es wird geglaubt, dadurch Gleichberechtigung zu erlangen. Der Zugang zur Männerwelt durch Nachahmung wird auf Dauer keinen Erfolg bringen, genauso wenig wie eine Gendersprache, bei der eine weibliche Benennung künstlich angehängt wird und die Frau so ihren Status hervorheben will. Vielmehr droht sie, ihre besonderen, hohen, feinen, anmutigen und edlen Eigenschaften zu verlieren, die darüber hinausgehen.

Die Weiblichkeit ist allgemein unterdrückt worden, wobei Männer und Frauen gleichermaßen beteiligt waren. Der

Weg zur Genesung führt nicht über die Nachahmung des Mannes, wo wenig empfehlenswert zu sehen ist, sondern vielmehr über die Wiedererlangung und Entwicklung hoher weiblicher Eigenschaften. Sie sollte über Koketterie und Grobheit stehen, damit Respekt entstehen kann. Es könnte hilfreich sein, die Qualitäten einer Prinzessin in einem Märchen nachzuempfinden."

Das Lichtlein war tief versunken in der Erkennung, dass die Frau ihre feineren Fähigkeiten wenig entfaltet. Der Mann ist nicht minder verantwortlich. Er sollte die Frau mehr schätzen und vom Gröberen schützen, wie der edle Prinz es tun würde, sonst stockt die lebendige Kraft, die beiden zum Aufschwung dient.

„Auch der Mann hat es nicht nötig, sich über eine saubere Erscheinung hinaus eitel mit seinem Auftreten und Äußeren zu beschäftigen. Die neueste Mode zu tragen oder mit den Muskeln zu protzen, vielleicht auch mit Tattoos, um zu beeindrucken, hat wenig mit inneren Werten zu tun. Leider sind Mann und Frau durch Eitelkeit und Gefallsucht zu Sklaven ihrer Körper geworden.

Wenn beide Geschlechter miteinander ihre Begabungen erfüllen würden, würde es freudvolle Harmonie geben. Es könnte dann zum Beispiel keine Kriege geben, weil die Verbindung zum naturverbundenen, Gott-wohlgefälligen Leben erfüllt werden würde. Die wertvolle, negative, empfängliche Weiblichkeit hat lange gefehlt, wobei Mann und Frau es versäumt haben, dies zu erkennen. So macht das Weibliche, das eine stärkere Verbindung zu den Höhen hätte, kaum Eindruck, und ist doch mehr denn je gefragt. Es war oft zu sehen, welch verheerende Schäden der Mann anrichtet, wenn die Weiblichkeit keinen guten Einfluss hat."

„Es zeigt sich also an der inneren Einstellung und der Art der Tätigkeit, ob der Mensch mit der Männlichkeit oder der Weiblichkeit im Einklang steht", sagte das Lichtlein. „Die Art des Wirkens ist geschlechtsspezifisch."

Der alte Gastgeber stimmte zu.

„Viele Tätigkeiten können zwar von Frau und Mann ausgeübt werden, aber auf verschiedene Weisen. Es kommt auf die überwiegenden Qualitäten und Haltungen der einzelnen Person an. So ist es in allen Bereichen des Lebens. Ein Kind zu betreuen, ist bei einem Mann und einer Frau grundlegend verschieden. Die körperlichen Funktionen sind spezifisch, wie es beim Erzeugen und Gebären eines Kindes beweist. Das empfängliche, negative Weibliche hat dadurch und auch aufgrund all seiner hohen Fähigkeiten und Talente keinen niedrigeren Status.

Als ehrenhaftes Symbol für die Frau ist „Herd und Heim" als warme, lichte, zentrale Stelle im Dasein ideal, nicht nur in der Küche oder unbedingt in einer Familie, sondern überall, wo sie auch sein mag. Sprichwörtlich wird die Frau auch als Hüterin der Flamme bezeichnet. Der Rollenwechsel, bei dem eine Mutter aus Geltungsbedürfnis oder der Finanzen wegen des Brotes außerhalb des Heims mit männlichen Tätigkeiten verdient und der Mann die Kinder betreut und Hausmann wird, ist zu hinterfragen, auch wenn einige Aufgaben gegenseitig übernommen werden können."

Das Lichtlein konnte erkennen, dass die Gesellschaft zunehmend den Rollenwechsel befürwortet und sogar im Namen des vermeintlichen Fortschritts oder der Wirtschaft unterstützt, bisher allerdings mit fragwürdigen Ergebnissen. Ob diese Veränderungen den Kindern helfen, sich zurechtzufinden, und auch dazu führen, dass die Geschlechter besser harmonieren, ist in Frage zu stellen, geraten doch auf diese Weise die positiven und negativen Eigenschaften durcheinander und schwächen sich dabei ab.

„Karrierefrau zu sein, ist immer beliebter geworden, lässt sich aber in den ersten Kinderbetreuungsjahren mit Muttersein nicht vereinbaren. Ein Kind großzuziehen, ist eine hohe Aufgabe, eine „Karriere" für sich. In den ersten

Lebensjahren ist es entscheidend, dass sich ein Kind mit konstanten Bezugspersonen, in der Regel Mutter und Vater, im privaten Bereich verbunden und geborgen fühlt, um Ausgeglichenheit und Sicherheit in einer ansonsten fremden Welt zu gewährleisten."

„Ja, Kinder sind die Entscheidungsträger in der Welt von morgen, wo eine stabile Persönlichkeit und Präsenz unerlässlich sein werden."

Die Unterschiede zwischen der Weiblichkeit und der Männlichkeit, zwischen negativen und positiven Eigenschaften, wurden immer sichtlicher. Wie sorgsam doch alles geschaffen wurde, um für ein gesundes Gleichgewicht und eine starke Vitalität zu sorgen.

Im Garten wurde auf einmal die Luft dichter, die Sicht diesig, und dunkle Wolken zogen über den Himmel. Große Regentropfen prasselten auf den Boden, und auf Blitze folgten rollende Donnerschläge. Der Sturm tobte eine Weile, verschwand aber bald und hinterließ eine frischduftende, funkelnde Welt.

„Die Erde, Wiesen, Blumen und Bäume sind gnadenvoll versorgt, und wir können auch erfrischendes, lebenserhaltendes Wasser genießen. Alles ist so weise geordnet und von liebevollen Wesen ausgeführt. Von alleine könnte ja nichts geschehen! Schlechtes Wetter kann es nicht geben, denn alles ist weise geregelt und kommt nach Bedarf zustande."

Das Lichtlein sah das ganze Leben zunehmend in einem neuen Licht.

***

Kapitel 4   Der Berghügel

Die gereinigte Luft lud zu einem Ausflug ein. Der Greis kehrte in seine Hütte zurück und der Wanderer machte sich mit Dank und einem herzlichen „Lebewohl" wieder auf den Weg. Er führte entlang einiger Wiesen und an ein paar Wäldern vorbei, bis es hügeliger wurde. Ein Weg schlängelte sich aufwärts, und nach einer Weile kam eine Anhöhe, wo der Wanderer sich auf einem gelegenen Felsbrocken niederließ und sich über einen herrlichen Blick erfreute. Sogar der kleine See war zu erkennen. Aus dieser Vogelperspektive gab es einen Weitblick, der entzückte und das Herz schneller schlagen ließ.

Solch paradiesische Zustände! Wie kann es sein, dass es

auf dieser Erde auch Streit und Kampf gibt? Es muss wohl gute und böse Kräfte geben, meinte das Lichtlein. Eine Stimme klang aus der Nähe:

„Auf keinen Fall!"

Fußtritte waren zu hören und ein Schäfer erschien, der ein Lämmchen in einem Arm hielt und in dem anderen einen Stab, der am oberen Ende zu leuchten schien. Er ließ sich auf einem Hügel nebenan nieder.

„Guten Tag, Hirte".

„Servus Wanderer. Es ist ein weit verbreiteter Irrglaube, dass es gute und böse Mächte gibt. Es gibt nur eine neutrale, allumfassende Kraft aus der Höhe, die für Gutes benutzt werden sollte, jedoch auch für Böses eingesetzt werden kann. In der Natur wird alles nach dem Willen des Schöpfers zum Guten verwendet. Daher gedeiht sie und erblüht in Schönheit. Sie mag in der Tierwelt manchmal unergründlich und sogar zum Überleben grausam erscheinen, jedoch ist alles weise gestaltet und zum Wachbleiben und zur Gesunderhaltung ausgelegt. Ein Leiden, wie es der Mensch sich vorstellt, gibt es nicht, weil es keine Selbstsucht oder Bosheit gibt. Alles bleibt im Ausgleich und Gleichgewicht, außer der Mensch wirkt auf schädliche Weise ein, quält und verursacht unbegründeter Schmerz.

Anders als die Naturwesen und alle Tiere hat jedes Lichtlein einen freien Willen. Das ist das, was das Geistige ausmacht, was Entscheidungsfähigkeit bedeutet, die es zum Reifen und Bewussterwerden benötigt. Es hat ein Bewusstsein seines Selbst, was Pflanzen und Tiere nicht haben. Der Geist kann über sich selbst und seine Taten reflektieren, hat dadurch persönliche Verantwortung und kann wählen, wie er die geschenkte Kraft einsetzt. Leider geschieht dies oft nicht zum Guten. Er überlässt das Sagen anderer oder seinen Verstand, der erst auf seine eigenen, irdischen Bedürfnisse gestellt ist. Dabei verliert er den Überblick und hat dann nicht die Fähigkeit, den rechten Weg für sich und für die Allgemeinheit zu sehen und gehen zu können."

„Sind wir geistigen Wesen, die Einzigen hier, die mit eigenem Willen bewusst entscheiden können und Verantwortung für die Gestaltung unseres Lebens haben?"

„Ja, das Tier hat ein anderes Bewusstsein, das in dem Sinne nicht eigen zu nennen ist, weil es keinen geistigen Kern hat. Daher hat es keine eigene Identität, wie wir es kennen. Es hat kein „Ich"-Bewusstsein, so wie ein Kind in der ersten Lebensphase, was für einen Erwachsenen vielleicht schwer nachzuvollziehen ist. Es entscheidet nicht, sondern reagiert entsprechend mit Hilfe jenseitiger Führung auf seine Umwelt.

Das Tier ist verbunden mit seiner Gruppenseele. Es wird geführt, was als Instinkt erklärt wird, auch wenn einige Tiere zusätzlich durch Nachahmung lernen. Beispielsweise kann eine Vogelart sehr erfolgreich nur das tun, was seinesgleichen macht. Ohne es gelernt zu haben, kann sie eine bestimmte Art von Nest bauen und versorgt die Jungen, die kurz danach schon fliegen können. Oder sie kann halbwegs um die Erde migrieren, um an demselben Ort wiederzulanden. Ähnliche Führungen gelten für alle Milliarden tierischer Geschöpfe, ob auf Land, in den Gewässern oder in der Luft.

Dies wird als Gruppenseele erkannt, die ganz anders als die individuelle Seele des Menschen ist. Dafür hat der Mensch auf Erden ein Tagesbewusstsein, was im Vergleich zu all seinen bewussten Erfahrungen in der Vergangenheit quantitativ mit der Spitze eines Eisbergs oft verglichen wird. Er hat ein Bewusstsein seines Selbst. Sein Unterbewusstsein in seiner Seele lässt ihn frei für das tägliche Leben, wobei Inhalte gelegentlich an die Oberfläche kommen, um bewusst erlebt und gegebenenfalls erarbeitet zu werden."

„Das sogenannte intelligente Vorgehen von Tieren wird also weniger gelernt, im Vergleich zum Menschen, der vieles durch den Verstand erwirbt. Das erklärt, wieso Tiere Geschicke besitzen, die für uns oft unbegreiflich und verblüffend sind."

„Jedes Tier hat auf seine Art besondere seelische Fähigkeiten, keine geistigen. Leider haben Lichtlein, die auch Führungen, und zwar geistige, von jenseits des irdischen Lebens haben, die Fähigkeit meist verloren, sie zu empfangen, aufgrund der Überaktivität des erdgebundenen Verstandes. Trotzdem müssen sie ihre Wege individuell wählen, denn das ist die Bestimmung des Geistigen, aber wenn der Geist schläfrig und nicht bewusst ist, dann blind. Auch nicht zu wählen, ist eine Entscheidung. Der Geist kann auch beschließen, dem begrenzten Verstand zu folgen. Dem Verstand, der auch gute, wenn auch eingeschränkte Sichten haben kann, kann jedoch für etwaige schlechte Entscheidungen kein Vorwurf gemacht werden. Aber die Beschlüsse des geistigen Willens sind sehr wichtig, ob für Gutes oder Schlechtes, denn sie lösen nach dem Gesetz einen Prozess der Erfüllung aus und bestimmen das weitere Geschehen. So entsteht das Schicksal, das nicht beliebig ist."

Es wurde immer einleuchtender, dass Schicksale gerecht aufkommen, obwohl ihre Ursachen nicht immer bekannt sind. Viele von ihnen können äußerst herausfordernd sein und scheinen oft gemein. Sie kommen auf, um erarbeitet und gelöst zu werden. Der Geselle setzte das Lämmchen ab und schaute in die ferne Landschaft.

„Ja, Rückwirkungen müssen aufkommen, weil es perfekte Gesetzmäßigkeiten gibt - Regeln, die vollkommen sind und nicht umgangen werden können, um daran zu reifen. Erfreuliche, schöne Rückwirkungen sind auch immer rechtmäßig. Jeder trägt alle seine Erfahrungen, Gedanken und Taten, die mit ihm verknüpft sind, in seiner persönlichen Seele, die seinen Geist umhüllt. So ist es auch bei einem neugeborenen Kind, das kein neues Lichtlein auf Erden ist. Es bekommt einen neuen Körper, um hier wandeln und reifen zu können. Seine Seelenqualitäten brechen nach und nach zu späteren Zeitpunkten durch.

Die Seele, die alle Erfahrungen und Erlebnisse enthält, kann wie ein feinstofflicher Rucksack für den Geist gesehen werden, mit gesammeltem, hilfreichem, aber vielleicht auch unnützem, beschwerendem Inhalt. Oder die Seele könnte mit einem Garten verglichen werden, der gepflegt werden muss, mit schönen Blumen und prächtigen Bäumen, aber manchmal auch viel Unkraut."

„So zeigt sich der Mensch auf Erden als Körper, Seele und Geist. Jedoch ist er in Wahrheit nur Geist. Seine Seele, und sein provisorischer Körper, der nur auf Erden sein kann, sind nur Hüllen, vielleicht grob darzustellen wie das Ineinanderschachteln einer russischen Puppe. Die Seele um den Geist müsste wohl wie ein Speicher der Erlebnisse sein."

„Gewiss. Dort mag einiges vor langer Zeit gesät worden und ins Unterbewusstsein geraten sein, gesammelt über mehrere Kapitel des Lebens. Nichts geht verloren, alles hat einen Kreislauf und dabei eine Rückwirkung, erfreulich oder herausfordernd. Alles muss einen Ringschluss haben und zurück zu dem Verursacher kehren, früher oder später, um ausgeglichen und abgeschlossen werden zu können. Nur so können gegebenenfalls Sühne, Gutmachung und Reifung stattfinden. Zu glauben, dass manche Gedanken und Taten nicht bemerkt werden und alles beim irdischen Hinübergehen zu Ende sei, ist ein Trugschluss. Auch zu erwarten, dass Gott alle Sünden ohne Gutmachung vergibt, würde gegen seine Gerechtigkeit gehen, was unmöglich ist.

Im Laufe des Lebens, zuerst gut bemerkbar in der Pubertät, nachdem das Kind zum Vollmensch und zur Verantwortung auf Erden heranreift, beginnen sich die Seeleninhalte verstärkt zu melden, wenn die Person in der Lage ist, sie zu verarbeiten. Es kommt nichts auf, was ein Mensch nicht anpacken und schließlich lösen kann, um wieder auszugleichen. Dafür ist eine standhafte Entwicklung des Kindes bis dahin wichtig. Schwierige Aufgaben mögen dann aufkommen, die nicht immer leicht, aber Schritt für Schritt zu überwinden sind. Mut ist gefragt."

Ja, das machte dem Wanderer Sinn. Mut ist eine Kraft, die von dem Geist gesteuert wird, aus seinem Willen. Er konnte erkennen, dass die dem Menschen gegebene Kraft auf diese Weise eingesetzt werden soll.

„Hat sich der Mensch im Irdischen verstrickt und dem Licht abgewandt, helfen Leid und Kummer, seine Überheblichkeit und Besserwisserei zu seinem eigenen Wohl zu brechen, um die göttlichen Gesetze zu erkennen und zu befolgen. Wenn falsch gelebt wurde, kommen Schmerz, Gewissensbisse und Empfindungen von Reue als Rückmeldung auf, und daraufhin soll es ein Vorhaben, wiedergutzumachen, geben. Zu versuchen, sofort zu betäuben, als waren sie unrecht, oder wegzulaufen durch ein frühzeitiges Aussteigen aus dem irdischen Leben, sind keine Lösungen, weil der Geist und die Seele danach mit ungelösten Aufgaben schmerzhaft weiterbestehen."

„Könnte das, was auf uns zurückkommt, von anderen verursacht worden sein?"

„Es mag manchmal so aussehen, aber man kann davon ausgehen, dass jeder sich in der Situation befindet, dort, wo er sich bewusst oder unbewusst selbst hingebracht hat. Sogar der Geburtsort und die Eltern sind nicht zufällig, und so kann man angenehmen oder schwierigen Aufgaben ausgesetzt werden. Herausforderungen, die auftreten, mögen mit selbstgelegten Steinen auf dem Weg verglichen werden, die weggeräumt werden müssen. Wenn die Empfindung stark genug ist, wird durch inneres Gespür vor möglichen Gefahren gewarnt. Ein sogenanntes Bauchgefühl, eine innere Gewissheit durch Intuition, kommt auf.

Anders kann es bei Menschen mit einer Mission sein, die in schwierigen, dunklen Verhältnissen gesandt werden, die Gefahren wissend, um Wahrheit zu verkünden, um an den Sinn und Zweck des Lebens zu erinnern. Es gab immer wieder Wahrheitsbringer, die die Menschheit zurück auf den rechten Weg lotsen wollten. Manchmal wurde dabei das irdische Leben geopfert, wenn die Uneinsichtigkeit und Feindseligkeit von anderen trotzdem überhandnahmen. Aber es ist tatsächlich nur der Körper, der vernichtet wird, und die Rückwirkung für die Täter wird zu gegebener Zeit gerecht erfolgen. Oft wurden Religionen von den Anhängern erstellt, wobei bewusst und unbewusst die Botschaften geändert wurden, so dass manches der Wahrheit verschwand. Durch gegensätzliche Meinungen ergeben sich durch menschliche Hochmut Feindseligkeiten und Kriege oft im Namen Gottes, die aber mit ihm nichts zu tun haben."

„Wie ist es möglich, dass einige Menschen sich bewusst der Boshaftigkeit anschließen? Sie muss als Unkraut in der Seele wuchern, gelernt oder nachgeahmt worden sein."

„Wenn der Geist, das Lichtlein, schwach ist, können gefährliche Aufkommen leicht zugelassen werden. Der Verstand alleine kann diese nicht erkennen. Wenn Menschen in Bösem und in Abgründen schwelgen, werden sie durch Anziehung und Wechselwirkung wiederkehren. Jede Person wählt dies für sich selbst.

Trübsal kommt auf durch Verdunklung, was nur der Mensch durch seine Gedanken und Taten selbstgefällig und eigensüchtig herbeiführen kann. Da flüstert Luzifer gerne zu, hat jedoch keinen Einfluss, außer seine Versuchungen werden gefolgt.

Luzifer, der als gefallener Erzengel tatsächlich existiert, ist unter anderem auch bekannt unter dem Namen Satan und der Teufel, und ist weit anders, als man ihn sich vorzustellen versucht. Er hat nur Zugang zum menschlichen Verstand. Sein Einfluss hat sich über Jahrtausende zugespitzt in Gräueltaten gezeigt, wo angeblich im Namen Gottes mit heuchlerischen Gebeten und Gesang entsetzliche Verbrechen stattfanden, wie bei der Inquisition, in Folterkammern und bei den Hexenverbrennungen. Nur der fehlgeleitete Verstand kann so etwas ausführen. Es hat sich seitdem wenig geändert, nur die Methoden, aber immer noch Krieg, Mord und Terror. Allerdings hat jeder die Kraft, trügerische Versuchungen zu durchschauen und denen zu widerstehen. Niemand kann gezwungen werden, in die Irre zu gehen; Nur ein schwacher Geist gibt nach, einer, der sich gehenlässt. Deshalb brauchen Kinder Schutz und Führung, da ihr Geist noch nicht entscheidungsfähig ist. Es ist wichtig, zu erkennen, was falsch ist, und dann unerschütterlich das Gute auszuüben. Auch sind die Verlockungen der Anhänger des Bösen nicht stärker als der gute Wille des individuellen Geistes.

Auch wichtig zu wissen ist, dass nichts geerbt ist, außer der physische Körper, der passend für das aktuelle Leben ausgewählt wurde. Ungerecht wäre es, mit fremden seelischen Eigenschaften, guten oder schlechten, behaftet zu sein. Ähnlichkeiten mit den Eltern, wie vielleicht Musikalität, werden die Anziehung gleicher Art sein."

„Also, wenn ein Nachkömmling denselben Beruf wählt wie ein Elternteil, ist es keine vererbte Eigenschaft, sonst wäre er nicht eine selbstständige Person. Wie ist es mit körperlichen Merkmalen?"

„Erkennbare äußerliche Ähnlichkeiten können aufgrund von vererbten Genen auftreten. Es mag als ungerecht gesehen werden, wenn eine Krankheit vererbt wird. In so einem Fall ist sie jedoch vorgesehen als Entwicklungs- und Reifungshilfe für alle Beteiligten. Eltern und Ahnen können für mitgebrachte Seelenqualitäten der Nachkommen nicht verantwortlich gemacht werden. Allerdings hat die Erziehung einen ausschlaggebenden Einfluss.

Eine Person kann auch nicht für eine andere etwas büßen. Daher kann es nicht sein, dass Sünden von einem Dritten, wie einem Priester, geschweige von Gott, ohne Sühne vergeben werden können, weil das gesetzlich unmöglich ist und keinen Sinn im Hinblick auf die Gerechtigkeit machen würde. Folglich konnten die Sünden der Menschheit durch den Gottessohn nicht genommen werden, wie oft gepredigt wird. Durch seine Botschaft wurde der Weg gezeigt, wie man richtig leben soll und Schuld selbst tilgen kann. Einer Person zu vergeben, ist gut, um die Fäden zwischen Täter und Opfer zu trennen, jedoch muss der Täter selbst die Missetat gutmachen.

Jede Person wird an die Stelle hingezogen, wo sie sich am besten entwickeln kann, und im Normalfall bekommt sie das, was sie selbst verdient hat. Nach der Pubertät sind alle auf sich alleine gestellt und für sich, für den Umgang mit ihren Nächsten und für ihre Umwelt verantwortlich."

*

„Fürsorge und Hilfsbereitschaft sind feine Eigenschaften, aber es soll keine Abhängigkeit zwischen Erwachsenen bestehen. Ist dann eine Organtransplantation von einem sterbenden Körper zu einem Kranken ein ethisches, legitimes Unterfangen?"

„Auch, wenn es von der Wissenschaft und in den Medien als lobenswert dargestellt wird, behalten viele Menschen eine spontane Abneigung gegen ein solches Wagnis. Es kommt einer Schlachtung gleich, die nur durch Furcht vor dem irdischen Tod und als Lösung gesehen wird. Das Sterben ist ein natürlicher Prozess, über den schon in der Kindheit eine gesunde Auseinandersetzung erfolgen soll. Auch, wenn im Normalfall keiner frühzeitig ableben möchte, wäre es gut, das Erdenleben nicht als das Einzig Unersetzbare zu betrachten. Geburt und Tod sollten keine Geheimnisse sein und das Sterben keinen Schrecken auslösen. Wenn das Schicksal bestimmt, dass die Zeit dafür reif ist, den Körper abzulegen, sollte es nicht als furchtbares Ereignis angesehen werden, sondern als folgerichtig. Dagegen zu kämpfen kann zusätzlichen Schmerz herbeiführen. Es bedeutet ein Loslassen, das sehr traurig stimmen kann, das aber jeder auf verschiedene Weisen zur gegebenen Stunde erleben wird und Fortschritt ermöglicht.

Ein fremdes Organ wird spontan abgestoßen und wird nur mit starken, immunsuppressiven Medikamenten vorübergehend künstlich am Leben gehalten. Manche sensiblen Menschen fühlen sich nach einem solchen Eingriff nicht wohl. Es verbindet zwei Menschen sowie die Chirurgen auf zweifelhafte Weise. Jeder einzelne Körper ist einzigartig und nur für die eine Person bestimmt, wie auch die Genetik beweist. Eingriffe des eigenen Körpers sind jedoch im Notfall vertretbar. Außerdem erfolgt das Ableben einer scheidenden Seele selten unmittelbar und kann mehrere Tage dauern. Derweil sollte der Körper in Ruhe gelassen werden, während der natürliche Trennungsprozess stattfindet. Auch deshalb soll eine Feuerbestattung oder Autopsie nicht sofort erfolgen. Dies wird eindrucksvoll im Fall von Lazarus geschildert (Joh. 11,41)."

Da kam die Überlegung auf, ob es wichtig sei, das Familienbündnis aufrechtzuerhalten. Die Erwiderung kam:

„Der Familienbund jenseits der Kindererziehung wird oft als perfekte Institution verherrlicht. Er ist jedoch nicht wesentlich, denn eine solche angebliche Pflicht wird gelernt, von Staat und Kirche bestimmt, von ängstlichen Eltern oder Kindern gewollt oder auch durch Tradition beibehalten. Er wird als Sicherheitsnetz gesehen, ist aber oft ein Fangnetz. Die häufig daraus resultierende Unselbstständigkeit, Abhängigkeit und Gefügigkeit oder etwaige finanzielle Vorteile münden im Gefesseltsein, was gegen Selbstständigkeit spricht. Abhängigkeit, ob in der Familie oder anderswo, ist wie eine Krücke und ist kein

Beweis für Liebe. Einige nennen die Abhängigkeit Wurzelgefühle, die jedoch nur für die Pflanzenwelt gilt.

Nur weil die Eltern das Kind großgezogen haben, gibt es keine moralische Pflicht, dass es den Eltern beistehen und sie pflegen muss, auch wenn dies von den Eltern erwartet wird oder die Gesellschaft davon profitiert. Eine Planung der Versorgung am Ende des Lebens sollte jeder Erwachsene für sich selbst in eigener Verantwortung vorbereiten. Unterstützung sollte, wenn notwendig, vom Sozialwesen bzw. Staat geboten werden, wie es bei bedürftigen Kindern oder kranken Menschen sein sollte. Wenn der Nachwuchs keine anderen Verpflichtungen hat und die Pflege freiwillig übernimmt, kann er die Eltern betreuen, aber dann liebevoll, ohne Groll und gegen Vergütung. Hat er aber selbst eigene Verantwortungen, soll er diese vorrangig erfüllen. Einige Eltern erwarten vielleicht eigennützig, dass sich ihre Kinder um sie kümmern sollen. Andere haben eine spontane Abneigung gegen einen Rollentausch mit ihrem eigenen Nachwuchs. Hier kann uns die Tierwelt wieder als Vorbild dienen."

Es war zu erkennen, dass ein Kind selbstverständlich in einer sicheren und liebevollen familiären Umgebung aufwachsen soll, wenn möglich, mit Mutter und Vater. Jedoch sollten die Nachkommen keine Pflegegarantie für die späteren Jahre der Eltern bilden, wie es in manchen Kulturen vorgegeben wird.

„Die Umgebung für das Kind soll friedlich sein. Streit und Unsicherheit sind Gift. Es ist ein Gast auf Erden und sollte in der Familie entsprechend respektiert werden. Das Kind ist nicht Eigentum der Eltern, sondern für eine gewisse Zeit in deren Obhut. Nach dem Heranreifen kann der junge Mensch nach seinem eigenen Willen ein anderes Leben führen, als es den Wünschen der Eltern entspricht. Dem erwachsenen Nachkömmling sollte keine finanzielle Unterstützung oder Erbschaft versprochen werden, die es nicht selbst verdient hat, denn so was schwächt. Höchstens ein Stipendium für eine Ausbildung nach der Schule vom Staat könnte für bedürftige, willige junge Menschen eine Hilfe sein. Wenn ein Staat jedoch Sachen wie die Regelung von Erbschaften und Organtransplantationen vorschreibt, verstößt das gegen die Unabhängigkeit und die Selbstverantwortung und verletzt die Würde des Menschen.

Nach der Pubertät sind die Pflichten der Eltern gegenüber dem erwachsenen Kind zu Ende. Der Nachkömmling steht in eigener Verantwortung und ist ein selbstständiger Bürger. Nur so wird ein gesundes „Auf eigenen Beinen stehen" möglich. Die normale Entwicklung des Menschen von Geburt bis zu diesem Punkt dauert etwa zwei Jahrzehnte. Der innewohnende Geist, der dem physischen Körper fremd ist, kann ihn nun vollständig bewohnen und kontrollieren."

Es machte dem Lichtlein Sinn, dass, wenn sich eine Eltern-Kind-Beziehung zu einer Freundschaft wandelt und auf Toleranz und Harmonie beruht, sie ohne Erwartungsdruck und gegenseitige Verpflichtungen frei erhalten bleiben kann. Das wäre ein gesundes Verhältnis.

„Wenn es Respekt gibt und jeder sein eigenes Leben führen darf, ist daran nichts auszusetzen. Das ist aber oft die Ausnahme. Spannungen, die während Familienfeste oder -feiern aufkommen, sind bekannt. Eltern neigen dazu, vieles besser zu wissen, den erwachsenen Nachwuchs zu bevormunden und schützen zu wollen, wodurch eigene Erfahrungen verhindert werden und sich Schwächen durch Unselbstständigkeit ergeben. Lieber, ein gesundes Kind in frühen Jahren so zu erziehen und sich entwickeln zu lassen, dass es nach zwei Jahrzehnten selbstständig geworden ist und alleine mit sich und der Welt zurechtkommen kann. Einen gesunden Nachwuchs zu lang zu schützen und zu unterstützen, schwächt und schadet nur. Eltern sollten sich auf eine weitere Phase ihres Lebens ohne Kinder vorbereiten. Vieles kann auch hier von der Tierwelt gelernt werden."

Also, dachte das Lichtlein, ist ein Loslassen des Kindes, nachdem es Fuß gefasst hat auf Erden, eine gute Voraussetzung dafür, dass es unbefangen den eigenen Weg bestimmen und gehen kann. Dafür ist ein sicherer und

friedlicher Anlauf zum Erwachsensein notwendig. Die Möglichkeit, die inneren Qualitäten zu entwickeln, sollte gegeben sein.

„Es ist auch so, dass zwei erwachsene Menschen, die nicht liebevoll Schulter an Schulter, sondern mit Disharmonie und Streit zusammenleben, sich einigen sollten, sich zu trennen, um eigene Wege zu gehen, damit sie sich nicht gegenseitig zurückhalten und herunterziehen. Die Verhältnisse von Menschen die zu ein Paar werden sind leider meist oberflächlich und von materialistischen Bedürfnissen, die keinen Bestand haben, geprägt. „Bis der Tod euch scheidet" ist vielleicht ein Aufruf zu Seriosität, aber ein blindes Versprechen, das, wenn eingehalten wird, oft zu viel Leid führt. Für ein Paar, das in erster Linie auf geistiger Ebene ergänzend schwingt und sogar auch füreinander bestimmt sein kann, ist der Spruch überflüssig, weil ein derartiges Liebesverhältnis den irdischen Tod überdauert. Eine solche Ehe wird „vor Gott im Himmel geschlossen", aber nicht zwingend durch eine kirchliche Handlung.

In einigen Kulturen, um einen Bund eines Paares zu beweisen, besteht auch die Erwartung, dass es dasselbe Bett immer teilen soll. Solch ein unnötiger, oft störender, unnatürlicher Brauch findet auch nicht in der Tierwelt statt. Es kann übermäßig körperliche Triebe anregen und spricht gegen Eigenständigkeit."

„Wie wahr, der gesunde Menschenverstand geht oft schnell verloren. Wenn sich herausstellt, dass eine Beziehung nicht kompatibel ist, sollte sie aufgelöst werden. Vielleicht haben sich die betörenden kurzfristigen Gefühle und Emotionen oder sogar die Angst vor dem Scheitern Rollen gespielt, wobei das Urteilsvermögen bei einem oberflächlichen Kennenlernen außer Kraft gesetzt wurde."

„Oder es waren die Begierden, wo die innere Stimme mit ihren Empfindungen unterdrückt wurde. Vielleicht hat sich das Paar verschieden entwickelt und auseinandergelebt. In Konflikten und Zwietracht weiterzuleben, kann es allen Beteiligten viel Schmerz zufügen, besonders wenn das Paar Nachwuchs hat, das gut überlegt hätte sein müssen. Ist das Verhältnis der Eltern nicht zu retten, sollten Vermögen sowie Sorge für ein Kind selbstverständlich gerecht aufgeteilt und ein alternatives Leben gestaltet werden. Es geht dann um Schadensbegrenzung. Im normalen Fall bleibt ein Kind jedoch in der Verantwortung beider Partner."

Das Lichtlein überlegte: Die gesellschaftliche Ordnung ist zunehmend lasch geworden. Paare rechnen oft von Anfang an nur mit einem oberflächlichen Zusammensein, in dem sie sich noch ledig und „frei" fühlen können, um auf diese Weise so wenig Verantwortung wie möglich übernehmen zu müssen. Eine innige, liebevolle Beziehung wird als immer weniger wichtig angesehen, wobei oberflächliche körperliche Instinkte Vorrang haben. Traurig, wenn ein Kind so gezeugt wurde.

„Körperliches Verlangen oder sozialer Druck sind meist die treibenden Kräfte hinter dem schnellen Eingehen einer Beziehung, anstatt zuerst die seelische Harmonie auszuloten und zu prüfen. Lust allein ist kein Zeichen von Liebe, geschweige Respekt. Es wird zunehmend angenommen, dass Selbstliebe der Weg ist, selbstverliebt zu sein, wodurch man sich selbst verwöhnt, bevor Liebe anderen gegeben werden kann. Oder es soll als Mittel zur Erholung dienen. In solchen Fällen fehlt etwas in der wahren Liebe, die bedingungslos sein soll. Wenn sie wirklich gegeben wird, strahlt sie einfach und denkt nicht an sich selbst. Eine überreiche Wechselwirkung entsteht, wenn sie echt ist, auch wenn sie anders kommt als gewünscht. Die Rückgabe muss nicht angestrebt werden. Die gewaltige Liebe, die verlässlich und vorbildlich aus der Höhe strahlt und alles umhüllt, dient als beispielhafter Wegweiser."

„Es stimmt, Liebe, die zu einem berechnenden, kompensatorischen Element wird, ist kopfgesteuert und nicht echt. Aus dem Herzen muss die wahre Erfahrung kommen, ohne Erwartungen, wo Einfühlsamkeit und Sorge die begleitenden Qualitäten sind."

„Wegen der großen Verantwortung müsste besonders die Frau, die die Führungsrolle hat, genau abwägen, mit wem sie sich intim einlässt. Körperlich empfänglich zu sein und zu erzeugen, ohne auf Konsequenzen Rücksicht zu nehmen, ist fahrlässig. Abtreibung wird zunehmend als Recht der werdenden Mutter als selbstverständlich genommen, ist aber als Lösung des Verstandes anzuzweifeln. Es geht nämlich nicht nur um die Mutter. Ihr Körper war ja selbst mal in der gleichen Lage als Fötus. Es widerspricht der Nächstenliebe und dem Gebot „Du sollst nicht töten". In den meisten Fällen hat sich die Frau in die Lage gebracht, ein Kind zu zeugen, was im Nachhinein vielleicht unvorsichtig gewesen sein mag. Die möglichen Folgen sollten dann verantwortungsvoll in Kauf genommen werden. Bis in die frühen Morgenstunden hemmungslos zu feiern und sich dabei zu betrinken, wird für beide Geschlechter kein gutes Ende versprechen.

In dem Fall, wo ein Elternteil ein Kind großziehen muss, wird dem Nachwuchs nicht immer in jeder Hinsicht alles gerecht gemacht werden können. Wenn Ersatzerzieher die Verantwortung übernehmen müssen, wie in Babykrippen, bei anderen Familienmitgliedern, Pflegeeltern oder gar in einem Waisenhaus, ist dies nicht immer eine ideale Lösung. Nicht zu vergessen ist, dass die Kinder ihre Eltern ausgewählt haben oder annehmen mussten, um die gerechten Regeln des Schicksals zu erfüllen, wo die Möglichkeit zum Reifen geboten wird."

„Es ist erstaunlich, wie es vorgesehen ist, dass der Geist auf die Erde kommen kann, um befähigt zu werden, sich weiterzuentwickeln."

„Auch wenn es nicht die primäre Aufgabe des Menschen ist, Kinder zu bekommen, sind die Erfahrungen und Freuden der Erziehung, einschließlich Höhen und Tiefen, von unschätzbarem Wert."

Das Lichtlein dachte lange über das Gesagte nach. Ein Abschiedsgruß hallte noch nach, als der Schäfer mit seinem glühenden Stab und dem blökenden Lämmchen den Berg hinab schwand.

***

Kapitel 5   Das Kirchlein

Am Berghang waren einige Kühe grasend zu sehen, deren verträumte Augen Ruhe und Frieden ausstrahlten. Hoch am Himmel flog ein Adler lautlos seine Kreise. Die Stimmung schien surreal. Da bemerkte der Wanderer das Krabbeln eines Marienkäfers auf der Hand. Er erreichte eine Fingerspitze, breitete seine Flügel aus und verschwand über einem Pfad, der einladend schien und über Stock und Stein und wohl zu einem anderen Teil des Waldes führte. Auf dem Abstieg war der Wanderer heiter gestimmt.

Viele Empfindungen, besonders über den offensichtlich so lieben Schöpfer, begleiteten das Lichtlein, als es neue Wege im Wald betrat. Eine Weile danach war ein wiederholter, dumpfer, blecherner Klang zu vernehmen, der irgendwie traurig tönte, ganz anders als die vorigen himmlischen Glockenklänge. Nach einer Zeit des Suchens erschien eine Art Ruine, es war aber ein halb zerfallenes, mit alten Bäumen überwachsenes Kirchlein, sehr verwittert, umgeben von einer niedrigen, vermoosten Mauer.

Das Tor zum Friedhof war verrostet und quietschte beim Öffnen. Uralte Grabsteine standen schräg und die Stätte schien seit Langem verlassen. Auf dem Ast einer Eibe war wieder die Eule zu sehen. Eine massive, etwas schräg hängende Holztür, die sich schwer öffnen ließ, führte in die Kirche. Das Kirchenschiff war einfach und schmucklos, mit einigen verstaubten Gebetsbänken sowie einem schlichten Tisch als Altar. Auf der rechten Seite stand ein Redepult. Sonnenstrahlen durchbrachen die übriggebliebenen Fenster und beleuchteten Spinnweben.

Eine sehr alte Bibel lag auf dem Pult, die Seite mit dem 23. Psalm aufgeschlagen. Beim Lesen des inhaltsvollen, tief berührenden Textes kamen dem Lichtlein Tränen und Empfindungen unendlicher Liebe. Als es hochschaute, erblickte es im Schatten eine in Weiß gekleidete Figur. Sie stand neben einem Seil, einem Glockenzug, der von der Spitze des kleinen Turmes hing. Eine zärtliche, etwas wehmütige Stimme erklang von weither:

„Diese alte Kirche kann mit dem allgemeinen Zustand des menschlichen Glaubens verglichen werden. Die einfache, perfekte Ordnung, gnadenvoll vom Schöpfer geschenkt, ist von der berechnenden, anmaßenden Verstandesmenschheit missachtet und verdreht worden, Spuren des Chaos und Zerfalls hinterlassend."

Während seiner Reise hatte das Lichtlein ein klareres Bild gewonnen, was passieren kann, wenn der Verstand sich selbst überlassen bleibt. Es war klar, dass es bei genauer Beobachtung des Lebens unmöglich ist, die Vollkommenheit und Ordnung der Schöpfung zu leugnen, und dass ein Glaube an die göttliche Weisheit ohne den Schatten eines Zweifels entsteht.

„Wenn gründlich darüber nachgedacht wird, ist es offensichtlich, dass es eine Quelle des Lebens gibt, eine lebendige Kraft, die durch alles fließt. Logisch und sachlich wäre sonst nichts zu erklären. Nur ist der Ursacher der Kraft, der Schöpfer, ganz anders als die begrenzten Meinungen der Menschen. Wenn man sich nur mit dem Irdischen, dem Materiellen, befasst, werden Ahnungen über Gott schwer aufkommen können, weil alle möglichen Analogien nicht ansatzweise ausreichend sind.

Die Wissenschaft, die nur Materielles wahrnehmen und entdecken kann, irrt, wenn sie hartnäckig die Quelle des Lebens in dem Stofflichen sucht, in den Zellen oder in den Genen. Das Gehirn kann mit einem Computer schwach verglichen werden. Es ist wie eine Schaltstelle, wenn auch wundersam. Der Geist, die Person selbst, wird sich nie darin finden lassen, auch wenn die Wissenschaft hartnäckig dort sucht. Wenn ein Mensch auf sich selbst zeigt, zeigt er nicht auf seinem Kopf, eher intuitiv im Bereich seiner Mitte, seines Herzens. Es würde keinem einfallen, den Schauspieler oder den Moderator in einem Radio- oder Fernsehgerät zu suchen. Warum also die Person im Gehirn? Das Gehirn wird aber für den Geist als Fenster zur Welt benötigt, das er mit dem Verstand teilt, so dass er mit Tagesbewusstsein irdisch tätig werden kann."

„Da der Geist feinerer Art als die Materie ist, benötigt er den Körper, in dem er wohnt, um auf die Erde wirken zu können."

„So ist es. Die geformte Materie ist ein nach Plan gebautes Produkt, eine Hülle. Der Körper, in dem der Mensch sich befindet, kann sich dadurch gewissermaßen zu erkennen geben. Die Materie, hier am untersten Ende der

Schöpfung, ist in sich leblos, wird jedoch von den Naturwesen und, auf andere Weise, teilweise von den Menschen belebt.

Wenn darüber nachgedacht wird, ahnen die meisten Menschen, dass es mehr als die sichtbare Materie geben muss. Der Glaube hat verschiedentlich als nebulöse Brücke an das, was hinter dem Leben sich verbirgt, gedient, ist jedoch immer oberflächlicher und hohl geworden. Er ist zu einer bloßen Vermutung, etwas Ungewissem oder vielleicht auch nur einer Theorie verkommen. Er kann gedankenlos übernommen worden sein. Man nimmt an, was die Eltern vermeintlich glaubten, oder dass das, was in der Kirche und in den Tempeln aus alten Schriften gepredigt wird, wohl seine Richtigkeit haben müsse. Blindlings werden alte Behauptungen übernommen. Einige Wahrheiten sind in überlieferten Schriften nicht verloren gegangen, aber durch Jahrhunderte wurde Manches verändert: Unverstandenes und Unerwünschtes wurden entfernt. Durch diese Änderungen wurde der Sinn oft verfälscht.

So müsste beispielsweise die Bibel als unvollständig erkannt werden. Für manche „Gläubigen" besitzt sie einen „heiligen Schein" in der Vermutung, dass jedes Wort von Gott ist. Oder, dass die Autoren, die bruchstückartige Erinnerungen und ihre Betrachtungen niederschrieben, direkt von Gott eingegeben wurden. Das ist eine gewagte

Behauptung. Das Festgehaltene folgte aus den begrenzten Sichten der Schriftsteller, die vermutlich mit besten Vorhaben ihre derzeitigen Auffassungen zum Ausdruck brachten. Sicherlich gibt es darunter inspirierende und wahrhaftige Gedanken, doch ist es nach so langer Zeit unmöglich, dass alles buchstäblich zutrifft.

Auch der bloße „Glaube", dass es Christus gibt, reicht nicht aus, sondern es ist erforderlich, nach seiner Botschaft zu leben. Diese ist jedoch mit der Zeit von Menschen leider geändert und nicht als fehlerfreies Erbe überliefert worden. Die Wahrheit über das Leben und die Schöpfung ist jetzt nur durch göttliche Aufklärung möglich, wie es vor Langem prophezeit wurde. Die Antworten des Lebens können nicht allein durch die Bemühungen der Menschen gefunden werden, die es versuchen von unten nach oben zu forschen, sondern es kann nur durch eine Sicht der Zusammenhänge aus der Höhe mit Übersicht erfolgen.[*]

So kann Überzeugung der Wahrheit entstehen, die weit mehr als Glaube ist. Sie ist Wissen, das durch die eigene Empfindung und die Erfahrung erkannt und bestätigt wird."

---

[*] Erläuterung folgt

Das Lichtlein kam zu dem Schluss: Echte, lebendige Überzeugung kann niemals durch gelernte Nachahmung, Hörensagen oder alte Texte aufkommen. Neue Wege der Entdeckung sind gefragt. Es kann nur eine Befreiung sein, wenn falsche Meinungen aufgegeben werden. An alten Gewohnheiten festzuhalten, versperrt Fortschritt.

Wiederum sprach die Stimme:

„Wenn ein suchender Geist Traditionen hinterfragt, was durchaus verständlich sein kann, mag es vorkommen, dass diese Person sich einer anderen Glaubensrichtung zuwendet, in der Hoffnung, der Wahrheit näher zu kommen. Zur Auswahl gibt es fünf Hauptreligionen und einige hundert andere. Bei jeder Glaubensgemeinschaft gibt es eine Lehre, die sich meist von den anderen unterscheidet, oft mit dem Anspruch, die einzig Richtige zu sein. Um zugehörig zu werden, müssen bestimmte Glaubenssätze akzeptiert werden. Häufig wird blinder Glaube notwendig sein.

Wenn die Religionen, die immer von Menschen gegründet wurden, die unveränderliche Wahrheit erfasst hätten, dann könnte es grundsätzlich keine Unterschiede und Rivalitäten geben. Stattdessen gäbe es nur unterschiedliche Ausdrucksformen, abhängig von dem jeweiligen Kulturkreis. Leider haben sich Religionen größtenteils abseits vom Alltag entwickelt. Sie sind keine Pforten zum Himmel, der ebenso wenig durch die Anwesenheit bei religiösen Gebräuchen erreicht werden kann. Gott und Kirche sind nicht eins. Das, was gepredigt wird, soll jedoch inspirieren und Orientierung bieten, damit jeder sein Leben selbstständig und erfreulich entfalten kann und dabei der Weg zurück zu den lichten Höhen klar ist. Weise Führung ist dafür eine große Hilfe."

„Was als Wahrheit dargestellt wird, ist oft nicht zutreffend. Wie kommt man nun zu einer wahrhaftigen Überzeugung, die nicht dem menschlichen Wunschdenken und der Fantasie entstammt?"

„Fantasie im Sinne der Illusion – eine Täuschung oder ein Hirngespinst – steht gesunder Vorstellung und Erkenntnis entgegen. Falschheit und Trug können gefährlich sein, bei denen die Wirklichkeit manipuliert wird, um eine Unwahrheit als wahr darzustellen. Manche Fiktion, viele Romane und Zeichentrickfilme sind typische Beispiele, bei denen man der Realität zu entfliehen versucht. Pseudorealitäten stellen verdrehte Ansichten dar und verhindern, das wirkliche Leben wahrzunehmen. Sie sind nicht so harmlos, wie sie vielleicht scheinen, weil sie nicht im Einklang mit der Wahrheit sind. Irreführend sind sie besonders für Kinder und Jugendliche, die Trug und Wahrheit nicht bewusst unterscheiden können. Es fällt dann auch schwer, aufgrund verbogener Eindrücke später im Leben eine klare Sicht zu haben, wo das Erzählen von Lügen als harmlos gilt. Dagegen können bestimmte geistreiche Geschichten und Märchen, die den Verstand umgehen, geschickt durch symbolische Bilder einen wertvollen Inhalt haben."

„Es gibt also einen Weg zur tiefsinnigen Überzeugung, der sich aus persönlichen Erfahrungen und dem Erkennen der Wahrheit speist, die, wenn stimmig, eine unerschütterliche Gewissheit mit sich bringen."

„Es ist kein schwieriger Weg. Kein Studium, kein Gefühlsüberschwang und keine Einbildung sind nötig, sondern unkompliziertes, sachliches Erkunden, Erproben und Erkennen. Es erfüllt sich durch einen inneren Prozess. Anders verhält es sich mit einer indoktrinierten Gehirnwäsche, wovon es viele gibt, die an den Verstand und seine Unsicherheit gerichtet ist und die eine Abhängigkeit und keine echte Überzeugung bringt. So entstehen auch fanatische Gruppierungen und Sekten."

„Zu erkennen ist, dass eine Gefahr darin besteht, leicht von falschen Propheten getäuscht zu werden. Es ist zu beobachten: Sie schießen mit Hilfe der heutigen schnelllebigen digitalen Welt wie Pilze aus dem Boden und geben vor, den erlösenden Weg zu kennen. Sie zu durchschauen, ist eine Wachsamkeit der Empfindung gefragt."

„Mit dem erdgebundenen Verstand allein ist es nicht möglich, den richtigen Weg zu finden. Falsche Propheten sind diejenigen, die einen Funken Wahrheit entdeckt zu haben meinen, und fügen fantasievolles Gedankengut dazu, um sich als wissend oder Retter in der Not zu präsentieren, um wirtschaftlichen Gewinn, Ruhm oder Macht zu erzielen. Die Meisten sind an ihrer betrügerischen Art und ihren leeren Versprechungen zu erkennen. Die intuitive Wahrnehmung muss geschärft werden, um zwischen Wahrheit und Falschheit unterscheiden zu können."

„Ja, es gilt, auf der Hut zu sein. Der Weg zur Wahrheitsfindung erfordert eine starke innere Sehnsucht aus dem Geist. Diese Fähigkeit scheint im Trubel des Alltags weitgehend verloren gegangen zu sein."

„Eine Kirche oder ein Tempel können Orte sein, die hilfreich sind, um sich auf den Schöpfer, sein Werk und den Sinn des Daseins zu besinnen, ebenso der Wald, die Berge und das stille Kämmerlein. Das Loben Gottes sollte jedoch nicht nur gelegentlichen Momenten vorbehalten bleiben, sondern, wie beim Atmen, selbstverständlich stetig sein.

Leider stehen oft menschengemachte Organisationen der wahren Erkenntnis im Weg. Wenn verschiedene Religionen und Konfessionen sich gegenseitig bekämpfen und Kriege bis zum Tod führen, können sie unmöglich irgendetwas mit

Gott zu tun haben. Wichtig ist es, friedlich, ehrlich und aufrichtig zu leben."

„Das klingt aber leichter gesagt als getan", seufzte das Lichtlein, „Es muss doch schwierig sein, immer wahrhaftig zu sein."

„Keineswegs. Die Ablehnung der Wahrheit erfolgt oft dann, wenn sie nicht den eigenen Wünschen entspricht. Der Mensch hat sich leider in seinem eingeschränkten Verstand zu sehr verstrickt und kann nicht mehr klar sehen und urteilen. Vor der Wahrheit und der dazugehörigen Ehrlichkeit drückt er oft ein Auge zu, um vermeintliche Vorteile kurzfristig zu erlangen, und fühlt sich dabei schlau. Dies rächt sich aber in der Konsequenz bitter.

Jedes Lichtlein trägt die Wahrheit in sich. Richtig und falsch sind gar nicht so schwer zu unterscheiden. Die natürliche innere Sehnsucht nach den Höhen sollte nicht durch falsche Prioritäten und die Flucht in irdische Süchte, seien es Geld, Begierden oder Drogen, kurz Ersatzhandlungen, unterdrückt werden. Nur der Kopf mit seinem Verstand alleingelassen kann verwirren und in die Irre führen."

Das Lichtlein hatte manchmal gedacht, dass der Mensch möglicherweise unvollkommen erschaffen wurde, da er so viel Dummheit zeigt. Entsprechend könnte ihm kein Versagen vorgeworfen werden.

„Es wäre zunächst gut, den Schöpfer dafür zu ehren, dass er sein Werk in Vollkommenheit und Schönheit geschöpft hat. Wenn der Mensch versagt, ist nicht daraus zu schließen, dass Gott etwas falsch macht. Viele Lichtlein würden sehr gerne ihre Verantwortung, die sie zum Reifen benötigen, auf Gott oder ihren Nächsten abwälzen, also den eigenen Willen nicht einsetzen und nicht zum Guten tätigen. Dies zeigt jedoch nur Schwäche und Trägheit. Dass die Lichtlein selbsttätig werden müssen, um zu wachsen und stark zu werden, fällt nur den Wenigsten ein.

Als geistiges, nicht göttliches Wesen wurde dem Menschen eine Entscheidungsfähigkeit gegeben, die er zum Wachsen und zum Reifen braucht. Dem Menschen steht es frei, sich geistig mit Hilfe des Gewissens und der inneren Stimme so zu entwickeln, wie er es selbst bestimmt, aber er sollte alle seine Entscheidungen und Handlungen im Einklang mit den allgegenwärtigen Gesetzmäßigkeiten Gottes ausführen. Es ist wichtig, sie zu erkennen, zu verinnerlichen und einfach danach zu leben.

Sich als Ergeben zu präsentieren nach dem Motto, „Herr, mach Du es, ich bin zu schwach, Amen", zeigt keine Demut, sondern Willenlosigkeit, als gäbe es nicht genügend

Kraft, sich selbst aufzuraffen und tätig zu werden. Jede Person hat die geschenkte Kraft, die sie benötigt, wenn sie ernsthaft ihre Fähigkeiten einsetzen will. Sich zu ergeben, wie ein Sklave es gezwungen wird zu tun, unterdrückt den Geist und ist seiner nicht würdig. Auch bei der Hypnose und einigen Seelentherapien, bei denen ein anderer die Verantwortung übernehmen soll, ist das eine sehr schädliche Angelegenheit und Gift für den Geist. Dabei unterwirft er sich einem anderen und öffnet sich für fremde Einflüsse. Ein solcher „Seelenarzt" belastet sich dabei auch selbst. Ein guter Therapeut wird immer bemüht sein, den Geist zu stärken und ihn nicht einzuschläfern. Ergebenheit mag für ein Tier passend sein, ist aber Erniedrigung für den Geist.

Auch zu bedenken ist: Wahre Heilungsvorgänge sind nicht im Menschen selbst zu finden, hervorgerufen wie durch vermeintliche Selbstheilungskräfte oder Autosuggestion, sondern kommen aus der Natur und den gesetzmäßigen, heilen Strahlungen des Schöpfers. Dafür sollte mit Demut und Wandlungsbereitschaft geöffnet werden."

Es war nachzuvollziehen, dass die Kraft, die von Gott geschenkt wird, sicherlich ausreicht, um alles im Leben letztendlich zum Guten zu gestalten. Der Mensch hat diese Kraft nur zu oft falsch eingesetzt und sich selbst damit geschwächt.

„Wenn eine Person erkrankt oder leidet, kann sie sich fragen, ob es an dem Lebensstil liegt, ob dessen Leben den Gesetzen der Natur entspricht. Seelische Eigenschaften, ob gut oder schlecht, werden sich mit der Zeit auch auf den Körper auswirken. Wenn schlecht, ist eine Änderung, eine Wandlung, ein Neustart, Vorwärtszuschauen und Altes hinter sich zu lassen erforderlich, um gesunde Entwicklung und Aufblühen zu erlauben. Alte Gewohnheiten sind oft hemmend."

Entsetzten kam auf bei der Erkenntnis, dass die irdischen Verlockungen immer begehrenswerter zu werden scheinen, da zugelassen wird, dass die innere Stimme, das Gewissen, durch den Intellekt, den Verstand, abgelenkt wird, und so der wahre Sinn und Zweck des Lebens immer weniger erkannt werden. Infolgedessen können Erlebnisse und Erfahrungen, die in der Vergangenheit innere Ablehnung hervorgerufen haben, zunehmend als wünschenswert angenommen werden.

„Man kann sehen, wie das Böse geschickt und trügerisch vorgeht, bekanntlich gefördert durch den zuraunenden Luzifer, den Verführer. Mit Hilfe seiner Gefolge lockt er hinterlistig mit Begierden, falsche, lediglich irdische, materielle Wege einzuschlagen. Diese können jedoch von jedem leicht erkannt und abgelehnt werden."

„Wir haben unsere Prioritäten hauptsächlich auf unsere eigenen materiellen Gelüste in diesem irdischen Leben gelegt, wo die Freuden der Materie als der Hauptsinn und das Hauptziel der Existenz angesehen werden."

„Das ist tatsächlich so. Unterhaltungen durch manche Bücher und Zeitschriften oder Filme sind jeden Tag mit „Nervenkitzel" gespickt, wie Horror, Katastrophen, Mord, Verbrechen, Gewalt, Erotik, Kriminalität und Kriege. Auch Gier, Neid, Geldlust, Dominanz, Streit und Dergleichen fesseln und ziehen Millionen in ihren Bann. Diese haben durch Trägheit und Bequemlichkeit Anziehungen im Alltag erzeugt und schmerzhafte Auswirkungen hervorgerufen sowie zu unangenehmen Gewohnheiten und Süchten geführt. Die feinstofflichen Auswirkungen werden selten in Betracht gezogen, da gedacht wird, den Naturgesetzen überlegen zu sein, und dass solche Gelüste und Missetaten nur halb so schlimm sind. Mit seinen Gedankenfäden ist jeder Mensch beteiligt an allen Vorkommnissen, ob guten oder verbrecherischen, weltweit. Da ist Entfernung kein Hindernis."

Das Lichtlein hatte oft gemerkt, dass Entsetzen dann hervorbricht, wenn diese Abscheulichkeiten im Alltag tatsächlich stattfinden, wie auch in den Nachrichten zu beobachten sind. Es wird öfter festgestellt: Schreckliche Ereignisse, die zunehmend aufkommen, wären wie in einem

Horrorfilm. Fantasievolle Hirngespinste werden zur Wirklichkeit durch groteske Ideen, wenn auch im Namen der Unterhaltung, weil sie das Gleiche anziehen.

„Diese täglichen Ereignisse werden beeinflusst durch die krankhafte Lust an Verbrechen – Gedanken, die ins All gesendet werden, oft auch durch Nachahmung. Schwache Lichtlein lassen diese Fantasien zu und erlauben unsichtbare Einflüsse, die auch aus den dunklen Bereichen des Jenseits angezogen werden. So sollten auch werdende Mütter sowie die, die um sie herum sind, die für die Anziehung des kommenden Geschlechts eine besondere Verantwortung tragen, nur lichte, reine Gedanken hegen. Sonst soll man sich nicht wundern, dass dunkle Seelen angezogen werden.

Und so können Gewohnheiten eine enorme Stütze sein, wenn sie für gutes Wirken eingesetzt werden. Wenn aber für Ungutes, kommen abartige Begierden und Süchte auf. Das Bedürfnis nach einer anständigen, aufrichtigen Entwicklung wird zunehmend als belanglos angesehen, was den Zerfall der Gesellschaft mit sich bringt."

Es war unbestreitbar, dass alle Lichtlein als Besucher mit Verantwortung auf der Erde nur gesunde, gute Dinge wählen und nachgehen sollten: Edle Absichten haben, ihren Mitmenschen und der Umwelt niemals Schaden zufügen, friedliebend und fürsorglich sein - alles ganz einfach.

*

Die Frage kam auf: „Um zu versuchen, näher an die Wahrheit zu kommen, könnte es ratsam sein, zu experimentieren, Bewohner des Jenseits zu kontaktieren, um zu beweisen, dass es dort Leben gibt, und vielleicht um Weisheiten von ihnen zu erhalten? Die müssten doch auf einer höheren Ebene sein." Die Antwort war eindeutig:

„Auch, wenn es das Natürlichste sein sollte durch geistige Reife, mit dem Jenseits bewusst in Verbindung zu sein, ist es mit künstlichem Herantasten des Verstandes absolut nicht anzuraten, denn es ist gefährlich, sich Unbekanntem zu öffnen. Blindes Vertrauen kann sich bitter rechen. Es kann nicht sicher sein, mit wem, wenn überhaupt, ein Kontakt tatsächlich stattfindet. Verbrecher, die die Erde verlassen haben, sind keine „Heiligen" geworden und können noch erdgebunden und deswegen vielleicht am leichtesten zu kontaktieren sein, ohne dass es in einer Séance auffällt. Es ist für den Durchschnittsmenschen ein Nebelfeld und, sollten Botschaften empfangen werden, sind sie nicht wissender als der fragende Erdling selbst.

Da Gleiches angezogen wird, können es keine, wie oft erwartet, hohen Wesen sein. So sind solche Sitzungen, die oft mit Fantasie gespickt sind, meist enttäuschend. Außerdem: Es gibt genug zu tun auf eigenem Terrain, und die Jenseitigen sollten deshalb nicht gerufen und gestört werden, weil sie sowieso nicht mehr auf diese Weise mit Grobstofflichem zu tun haben.

Jeder Mensch auf Erden hat seinen feinstofflichen Körper samt den dazugehörigen Sinnen, den er durch ein aufrichtiges Leben entwickeln soll. So kommen Verbindungen auf natürlichem Wege vor, ohne blindes Tasten im Dunkeln vorzunehmen. Die Empfindung, die innere Stimme zu schärfen, wird es eher ermöglichen, Botschaften, vielleicht von dem eigenen nahestehenden geistigen Helfer, den jeder hat, zu erhalten. Je reiner man lebt, desto besser die Verbindung. Wenn man auf das eigene Leben zurückblickt, lässt sich manchmal erkennen, welche Führungen stattgefunden haben. Über das eigene Wesen wird weit mehr aufgenommen als vermutet. Mit all seinen Gedanken und Taten ist der Mensch nie allein."

„Also: Die Weisheiten des Lebens muss jeder eigenständig suchen und entdecken. Die Wege werden sicherlich verschieden sein, abhängig davon, wo und wie der Suchende im Leben steht, auch wenn letztendlich das Ziel das gleiche ist: Die Wahrheit zu finden und liebevoll danach zu leben."

Im Halbdunkel waren in einem Sonnenstrahl einige Staubteilchen, die wie schwebende Sternchen vorkamen. Alles war still und doch voller Leben. Die Gestalt schien zu verblassen, aber dann erklang ihre Stimme wieder deutlich:

„Wichtig dabei ist, dass durch nüchternes, ernsthaftes Prüfen die unerschütterliche Überzeugung entsteht, dass es logisch und ohne Zweifel den unsichtbaren, liebenden Schöpfer gibt. Alles wird durch die Hilfe der spendenden, verwaltenden, unsichtbaren Naturwesen, die die Welt beleben und gedeihen lassen, unterstützt. Sachlich gibt es keine andere Erklärung für die Vielfalt des Lebens. Ohne den Schöpfer gäbe es nichts.

Jeder Mensch muss jedoch selbst stark und von krankhaften Fantasien frei sein, sonst können Einflüsse auf

Erden oder auch aus dem Jenseits die Psyche auf unangenehme Weise beeinflussen. Dies ist zugespitzt, in psychiatrischen Einrichtungen mit gespaltenen Persönlichkeiten, Selbstmordversuchen, Besessenheit und bei der Schizophrenie zu sehen.

Stark im Geiste zu sein, selbstständig, mit beiden Füßen auf dem Boden und nur gute Absichten zu haben, gibt Schutz und ist unerlässlich."

Der Lichtstrahl war langsam über die Kirchenwand gezogen und ein gleichschenkliges Kreuz in einem Kreis, das Kreuz der Wahrheit, das schon lange vor Christi Zeit auf Erden bekannt war, beleuchtet. Die Gestalt fuhr traurig fort:

„Die Suche nach der Wahrheit, die in jedem verankert ist, ist leider zu einem seltenen Verlangen der Menschheit geworden, weil sie zu sehr im Verstand verhaftet ist. „Nehmet auf dein Kreuz und folge mir" (Matthäus 16,24) war von Christus, der die Wahrheit verkörperte, gesprochen. Seine Ermordung kam später. So kann das Kreuz des Hinrichtens nicht gemeint gewesen sein; die Holzbalken, die die Römer damals für Exekutierungen verwendeten. Das Leidenskreuz ist kein „heiliges" Zeichen, das oft geschmacklos als Schmuck getragen wird, sondern eine beschämende Erinnerung daran, wozu der Mensch fähig ist:

feierlich die Wahrheit, die Liebe zu kreuzigen. Es zeigt die schreckliche Ungerechtigkeit, die gegen Gottes Willen begangen wurde. Der Mensch hat die Wahrheit listig verdreht und bis zum heutigen Tag versucht, sich von Fehlverhalten freizusprechen, beteuernd, dass es so hätte sein müssen. Er hat versucht, sich seiner persönlichen Verantwortung zu entziehen und sich ohne Gewissen gedankenlos hinter Tradition zu verstecken, was für ein Geistwesen unwürdig ist."

„Wie schrecklich! Ein solches Verbrechen könnte nie als aus Reinheit, Liebe und Gerechtigkeit kommend erklärt werden. Nur der Verstand des Menschen könnte sich so etwas Unlogisches und Unsachliches ausdenken.

Wir scheinen uns in vieler Hinsicht in Fantasien verstrickt zu haben und nicht um die Wahrheit ernsthaft bemüht zu sein."

„Viele Menschen irren oft, suchend im Unterholz des vermeintlichen Könnens der Menschen, als wären dort verlässliche Antworten, die aber nur sehr selten über einen solchen Weg kommen.

„Suchet, so werdet ihr finden" ist ein Gesetz, ein Versprechen. Das Finden hängt jedoch von der richtigen Suche ab, die nicht von einem Fragezeichen im Kopf ausgeht, sondern aus dem Geistfunken kommen muss. Und dies muss tief empfunden sein. Erst dann kann die Schatzkammer geöffnet werden, mit dem Schlüssel aus Reinheit, Liebe und Gerechtigkeit. Jeder Tag bietet unzählige Gelegenheiten, den Schlüssel zu polieren, durch aufrichtiges Verhalten, doch der Rost haftet schon lange und verschwindet nicht sofort. Wie die Natur zeigt, werden keine Sprünge gemacht, sondern alles entwickelt sich gesetzmäßig. Dies spiegelt sich in dem Sprichwort wider: „Rom wurde nicht an einem Tag erbaut". Durchhaltevermögen ist erforderlich, um nach jahrelangem Zaudern Entschlossenheit und Vertrauen zu zeigen. Wenn alles oberflächliche menschliche Wunschdenken sofort eintreten würde, wie es meist erhofft wird, wären viele Umstände auf Erden sicherlich in einem weit schlimmeren Zustand."

„Dann ist eine Entschlossenheit wichtig und soll deshalb vorher gut überlegt sein, um mit starkem Willen dabei zu bleiben und zu zeigen, dass ein Schritt nicht leichtfertig, sondern ernst gemeint ist. Die magnetische Kraft, die durch den Menschen strömt und nur gelenkt werden muss, ist also für sie ein Segen und ausschlaggebend für weiteres Vorgehen."

Der Wanderer musste zugeben, dass die Menschheit insgesamt zu lange geistig träge und faul gewesen ist. Aufgrund der sich zunehmend verschlechternden Bedingungen auf der Erde durch menschliches Fehlverhalten ist eine Dringlichkeit für Änderungen zu spüren.

„Es bedeutet, dass nicht alles weiterhin so begrenzt, erdgebunden und technisch ablaufen sollte. Der Blickwinkel muss erweitert werden, um das Bewusstsein für feinere Zusammenhänge und den Sinn des Lebens zu schärfen. Die sogenannte künstliche Intelligenz als Auswuchs des Verstandes, die sicherlich nützliche Aspekte haben kann, wird die Menschheit nicht davon abhalten, ihrem drohenden Untergang entgegenzulaufen. Es wird sogar eine Beschleunigung geben, wenn sie für sinnlose und trügerische Sachen verwendet wird. Die Technik ist kein Allheilmittel, sondern nur ein kleiner Aspekt der Materie.

Es ist gut, sich daran zu erinnern, dass jedes kleine Licht auf einer bedeutenden Reise ist, auf der es sich nicht vieler künstlicher Krücken bedienen und verlassen sollte, sondern tatkräftig mit frohem Gemüt für Gutes einsetzen sollte."

Es kam dem Lichtlein vor, als ob alle Geschehnisse im Leben wie ein flexibles Uhrwerk weise geregelt werden. Die Harmonie geht nur dann verloren, wenn sich Menschen böswillig und destruktiv verhalten, als würde man Sand ins Getriebe werfen. Bei so viel Geschenktem sollte anständig zu Leben ein Kinderspiel sein.

„Im Laufe der vielen Erlebnisse wird es notwendig sein, sich unentwegt zu entscheiden, sein Leben im Einklang mit den Naturgesetzen zu führen. Wandlungen müssen durchlebt werden, die manchmal viel Mut in Anspruch nehmen, so wie die Raupe sich wandeln muss, das Alte aufgeben, um in einem Schmetterling neugeboren zu werden. So sollte man auch jede Phase im Leben froh entgegenschauen, willkommen heißen und ohne Angst vorwärts schreiten, auch wenn der nächste Schritt das Jenseits wieder sein soll, das für jeden sein wird und jederzeit kommen kann. Erfüllung und Reifung können ohne Wandlung nicht stattfinden."

„Es ist eindeutig: Die Spanne auf Erden, ob kurz oder lang, ist für jeden kostbar und wie ein Kapitel in seinem Buch des Lebens, das geschenkt wird, um zu reifen, nach vorne zu schauen, den Geist zu beflügeln. Es scheint, als gäbe es Vieles nachzuholen. Manche Möglichkeiten wurden vergeudet. Haben wir noch Zeit, so viel Versäumtes wiedergutzumachen?"

„Es ist schon sehr spät, aber man kann damit sofort anfangen. Deswegen sind wir noch hier. Auf Erden zu sein, ist nicht die ganze Reise, nicht die Endstation, aber sie ist richtungsweisend. Die derzeitigen Menschen haben mehrere Kapitel diesseits und jenseits hier am untersten Ende der Schöpfung zum Reifen leben dürfen. Neue

Seelen werden auf Erden in diesem Weltenteil nicht mehr geboren. Es wäre sonst ungerecht, weil es nicht genügend Möglichkeiten zum Reifen für die kommende Zeit geben würde. Alle sind im gleichen Boot. Jedoch findet das Lebensbuch eines jeden für die Reise, wie alle Bücher, ein gewisses Ende - eine Zeit der Ernte, so wie gesundes Korn von Totem und Spreu getrennt wird. Diese Zeit hat schon begonnen. Die bisherige Langmut Gottes bedeutet nicht ein „Weiter so". Der Menschheit ist seit Langem viel Gelegenheit gegeben worden, ihren Wert zu beweisen. Leider ist sie weitgehend gescheitert. Das Leben besteht aus mehr als Gier, Dominanz und Eitelkeiten des Verstandes.

Jetzt, wie es verheißen ist, vergeht die letzte Möglichkeit, das Leben mit allen seinen Gnaden zu erfüllen. Doch mit einem guten Abschluss, in dem nach den Gesetzen wohlgefällig gelebt wurde, ist die Freude überwältigend, gereift, und bei vollem Bewusstsein, alle Schlacken abgelegt zu haben, an den Ursprungsort, das Paradies, zurückkehren zu können. So kann dann an allen Herrlichkeiten in ewigem Frieden gelebt werden.

Jedoch kann jedes Lichtlein selbst wählen, ob es sich entscheidet, den Hilfen zu folgen und seinen Willen zum Guten einzusetzen, oder gegebenenfalls wie unnütze Spreu schmerzhaft verloren zu gehen und im Todeskampf zu verkümmern."

Das Lichtlein merkte, dass die Menschheit insgesamt die Gefahren, in die sie sich verstrickt hat, und den Sinn und den Zweck ihrer Reise nicht mehr erkennt. Sie ist zu beschäftigt, Unterhaltung, Erwerb und irdischen Genüssen nachzugehen und auch mit Gewalt sich zu behaupten. All dies sowie Wettkampf und Konkurrenz werden den Kindern vorgelebt und eifrig beigebracht. Und doch ist es eine Erleichterung zu wissen, dass der einfache Weg für jeden Einzelnen ist, aufrichtig in Frieden und Hilfsbereitschaft zu gehen und mit gutem Beispiel zu leuchten, wie ein Flämmchen, das immer nach oben strebt und seine Umgebung erhellt.

„Jedes Lichtlein hat seinen eigenen Willen, sich in Liebe zu üben. Je mehr Gutes gedacht und getan wird, desto mehr kommen auch Düsternis und Böses ans Licht. Sie verschwinden nicht sofort. Darauf muss gefasst sein. Doch, dem Licht ausgesetzt zu sein, mag die Dunkelheit zunächst versuchen, zurückzuschlagen – aber sie wird geblendet und muss sich zurückziehen. Sie wird enttarnt und geschwächt. Ein einziges Kerzenflämmchen vertreibt schon das Dunkel um sich.

Wenn das Licht jedoch schwach ist, wird die Dunkelheit überhand nehmen können und versuchen, das Licht zu umklammern. Es ist jetzt verstärkt eine Zeit der Trennung des Guten und Bösen. So wird immer deutlicher, auf welcher Seite man steht. „Wisst ihr nicht, wes Kinder ihr seid?" (Lukas 9,55). Wenn das Licht stark leuchtet, kann die Dunkelheit nicht siegen. „Das Licht scheint in der Finsternis, und die Finsternis hat es nicht ergriffen." (Johannes 1,5) Das heißt, die Dunkelheit löst sich auf und kann nicht weiter angreifen."

„Das bedeutet, dass das Licht, das Menschen in sich haben und aus der Höhe empfangen können, stärker aufgenommen und verarbeitet weitergegeben werden soll."

„So ist es. Alles Gute und Schöne sollen erkannt werden. Andererseits ist es trügerisch, über schlechte Dinge verzeihend zu sprechen oder zu beschönigen, wie es manchmal auch diplomatisch versucht wird, als wolle man sie nicht wahrhaben, oder um vermeintliche Vorteile zu sichern. So fördert man das Böse. Kompromissbereitschaft kann unter Umständen lobenswert sein, aber nicht in jedem Fall."

„Es ist zu sehen: Die Dunkelheit droht, listig und tückisch die Vormacht zu übernehmen. Des Lichtes bewusster werden, es zu empfangen und zu verbreiten durch gute Gedanken und Taten, ist dringend angesagt. Es muss einen Weg geben, vor der Dringlichkeit zu warnen, um das schleichende, fortschreitende, verschlingende Böse abzuwenden."

„Dies ist schon mehrmals geschehen. Aus tiefster Sorge und Not schickte der Allmächtige im Strahl der Liebe seinen Sohn in dieses ferne Land, um die in die Irre geratenen Lichtlein an den richtigen Weg zu erinnern. Sie sollen wahrhaftig leben und reifen, um in die Heimat zurückfinden zu können. Die törichten Würdenträger wie Wölfe in Schafspelz zeigten weder Verständnis noch Erbarmen und ermordeten ihn. Sie wollten ihren falschen, bequemen Weg der Hochmut und ihre irdische Macht nicht aufgeben. Um das Gesicht zu wahren, erzählten die Täter mit besonders ausgebildeten und eingebildeten Kapuzen, dass der Schöpfer es so wolle. Und das „glaubten" viele, die sich dann Christen nannten. Dass diese Aussage unmöglich sein konnte und gegen die Lehren Jesu und Gottes Gesetze war, war selten hinterfragt. Die Masse der Menschen lehnte sich zurück und nahm dies unwidersprochen hin.

In der Folge wurde alles noch schlimmer, weil die einfache Botschaft des Gottessohns von der Nächstenliebe und dem Frieden grundsätzlich nicht befolgt wurde. Seine Botschaft wurde für die Nachwelt von Menschen, die ihre persönlichen Überlegungen und Erinnerungen lange Zeit danach niederschrieben. Die Texte wurden später mehrfach übersetzt und interpretiert, und bekanntermaßen wurden Teile entfernt, die von der Kirche als unangemessen angesehen wurden. So ist einiges über die Rettungsmission des Gottessohnes verfälscht überliefert.

Über 700 Jahre vor Christus verkündete der Prophet Jesaja 7,14, dass von einer Jungfrau ein Kind geboren werden würde namens Immanuel, was heißt, Gott mit uns. Damals bezog sich die Bezeichnung Jungfrau auf eine Frau, die vorher kein Kind geboren hatte. Christus erhielt den Namen Jesus und wurde nie Immanuel genannt. Sehr viele Jahre nach der Kreuzigung Jesu kam als einziger der Jünger Matthäus zu dem Schluss, dass Jesus Immanuel sein müsse, was keiner der anderen Evangelisten vermutete. Die Prophezeiung Jesaja deutete jedoch auf ein Ereignis fast 2000 Jahre nach Christus hin, als der allmächtige Schöpfer die verkündete Hilfe seines zweiten Sohnes, des Menschensohnes, im Strahle der Gerechtigkeit schickte. Er war auch mehrmals bereits von dem Gottessohn selbst verkündet worden, der alle Wahrheit der Menschheit bringen würde.*

Nur wenige Menschen waren geistig wach genug, um diese aufklärende, erleuchtende Rettungsmission des Menschensohnes zu erkennen. Die Mehrzahl war mit sich selbst beschäftigt, und die meisten Priester waren in Brauchtum verfangen. Es war nochmals die ewige, reine Botschaft für den rechten Weg. Diesmal aber ausführlicher, unmissverständlich, liebevoll und doch ernst formuliert, schriftlich festgehalten durch seinen Gesandten, durch den er

---

* Siehe Seite 113

sprach, der alles aufschrieb und die Wahrheit des Lebens damit festhielt. So konnten Veränderungen durch schlaue Besserwisser ausgeschlossen werden. Der Gesandte wurde jedoch von den Dienern der Finsternis verhaftet und zum Schweigen gebracht, bis auch er unter Schmerzen vorzeitig hinüberging.

Der Menschensohn, derselbe wie der Geist der Wahrheit, der Heilige Geist, Emanuel, vollbrachte seine Mission, ohne dass der Großteil der Menschheit es bemerkte. Sie waren zu sehr mit Anderem befasst und der Tradition verhaftet. Es ist jetzt höchste Zeit für die wenigen Lichtlein, die noch einen Sinn für Wahrheit in sich tragen und die noch Sehnsucht nach dem Schöpfer und der lichten Heimat verspüren, wohlgefällig in Liebe nach der überbrachten Botschaft zu leben.

Erfreulicherweise ist das schriftlich festgehaltene Vermächtnis erhalten geblieben!" *

***

---

* Siehe Seite 114

Kapitel 6   Der Weg Zurück

Die Gestalt war dann lautlos durch die schwere Tür verschwunden, und himmlisches Glockenläuten war wieder von weitem zu vernehmen. Das erstaunte Lichtlein verließ die Kirche und blinzelte in die Helligkeit. Es verspürte viel Kraft und war erfüllt von Dankbarkeit. Der Wille Gottes ist offenbar allgegenwärtig durch die zuverlässigen Gesetze, die in der lebendigen Natur und in der Empfindung zu erkennen sind.

Der Wanderer machte sich auf den Heimweg, glücklich über die vielen Erfahrungen, die er machen durfte, in dem Wissen, dass aufkommende Widrigkeiten bestanden werden können, oder aber, wenn nicht anders möglich, wo angemessen, aus dem Weg gegangen werden sollten.

Das Lichtlein hatte viele Antworten über den Schöpfer und eine Orientierung über sein unvorstellbar vielfältiges Werk erhalten. Die sichtbare Natur auf Erden mit den Elementen, Pflanzen und Tieren sowie die unsichtbaren Naturwesen ließen sich mit den verlässlichen Gesetzmäßigkeiten den Ablauf des Lebens erklären.

Der Mensch als Geist auf Erden hat sein eigenes individuelles Bewusstsein und einen Körper, einen Mantel mit Kapuze, als Werkzeug. Die Kraft, die als positiv und negativ zusammenspielt, die sich auch in der Männlichkeit und Weiblichkeit spiegelt, ist faszinierend. Auch, wie Kinder zur Reife kommen, als Vorbereitung auf das erwachsene, verantwortungsvolle geistige Leben. Die gesamte Reise des Lebens mit mehreren Kapiteln im Diesseits und im Jenseits, um Bewusstsein zu entwickeln und um das Innere zum Leuchten zu bringen, ergab endlich einen Sinn.

Diese Zeit des intensivierten Sichtens und Sortierens, in der Gut und Böse immer klarer ans Licht kommen, die Zeit der Ernte und der Trennung unter den Menschen, wird stetig deutlicher. So wird schließlich eine Reinigung herbeigeführt. Der Grund für die zunehmenden Turbulenzen war klarer geworden. Der Mensch bringt Gedeihen oder Verderben über sich selbst. Abhängigkeiten binden und halten nieder. Es war offensichtlich, dass jedes kleine Licht aufflammen und leuchten muss, um selbstständig verantwortlich und beispielhaft agieren zu können.

Es gibt viele Möglichkeiten, den Geist zu stärken, aufrichtig zu leben und sich seiner bewusster zu werden, um so den Verstand in Schach zu halten. Die Seele als Rucksack muss aufgeräumt werden, das heißt, der feinstoffliche Garten muss gepflegt werden. So kann der menschliche Geist, das kleine Licht, selbstbewusst in die Welt blicken, auf die innere Stimme hören und einfach das Gute wählen. Es wäre ja so bedauerlich, zur späten Stunde verloren zu gehen.

Jeder Geist kommt als ein Rohdiamant, der geschliffen und poliert werden muss, um zu funkeln, Licht aufzunehmen und zu reflektieren, um schließlich geläutert und mit voller Klarheit zu strahlen. Nur so ist es möglich, in die wahre Heimat zurückzukehren, wie im Gleichnis vom verlorenen Sohn. Ein mutiger Wille ist notwendig, um Widrigkeiten zu überwinden und friedlich zu leben, Harmonie zu verbreiten, die perfekten Gesetzmäßigkeiten in der Schöpfung zu erkennen und sich danach zu richten. Jedes kleine Licht ist individuell wie ein Diamant mit jeder Facette einzigartig, durch die getroffenen Entscheidungen und Handlungen entsprechend geformt.

Die Sonne funkelte durch das Laubdach und schien die Analogie mit den Diamant zu bestätigen. Ein Baumstumpf lud zum kurzen Verweilen ein. Eine Reihe von Ameisen war am Waldboden zu sehen, wo Kiefernnadeln eifrig zu einem sorgfältig errichteten Hügel in der Nähe getragen wurden. Faszinierend war das Treiben der Tiere, jedes für sich, aber ebenso eindrucksvoll das seelische Zusammenspiel, das auch bei Vogel- oder Fischschwärmen, Bienenvölkern, Rudeln und Herden zu erkennen ist. Über den Weg huschte der bekannte kleine Freund mit buschigem Schwanz und einer Nuss im Maul vorbei, die er dann eifrig unter weichem Moos vergrub. Und ein Rotkehlchen kam und beobachtete den Wanderer von einem Ast ganz in der Nähe.

Wie herrlich und bezaubernd die belebte Natur sich zeigt. Auch, zu erahnen, was sich dahinter nachvollziehbar verbirgt. Die unsichtbaren verwaltenden und formenden Naturwesen unterstützen all das Milliardenfach. Diejenigen Wesen, die dem Gärtner helfen, die Seele zu pflegen, nehmen die Fäden der Gedanken, Worte und Taten auf, die wie Samenkörner wachsen und sich vermehren, die hilfreichen Gesetze der Gleichart, Wechselwirkung und Schwere erfüllend.

Erfrischt machte sich der Wanderer wieder auf den Weg. Jedes Kapitel des Lebens auf der Erde und im sogenannten Jenseits bildet für jeden einen immer größeren Garten der Seele. Sie ist eine persönliche, feinstoffliche Landschaft, eine Fundgrube mit Erlebnissen, Entscheidungen und Neigungen, die sich als Eigenart und Individualität, als Charakter jedes Lichtleins zeigen.

Mit Hilfe des Gewissens, der inneren Stimme, der Empfindung kann man verantwortungsvoll mit diesen Fähigkeiten einen friedlichen, wohlgefälligen Weg wählen und gehen. Wird es steinig, sind Wege zur Überwindung gefragt. Mit jedem neuen Kapitel in seinem Buch des Lebens, das einmal zu Ende geht, ergeben sich für jedes Lichtlein Gelegenheiten, sein Schicksal, auch das Leid, als Segen zu erkennen und daranzuarbeiten, um sich zu wandeln. Das ist die Bedeutung von „die andere Wange hinhalten". Dabei soll ein Gegner nicht aufgefordert werden, erneut zuzuschlagen, sondern das Schicksal zu akzeptieren und zu erarbeiten. Es ist die Pflicht, mit gutem Vorsatz voranzugehen, rücksichtsvoll, fürsorglich und hilfsbereit zu sein und andere Lichtlein und die Umwelt durch gutes Beispiel zu unterstützen. Nächstenliebe würde tatsächlich die Welt schnell in Ordnung bringen.

Alle Menschen haben ihre eigene geistige Identität geschenkt bekommen. Ein sicherer Weg zu reifen, den eigenen Seelengarten zum Blühen zu bringen und die eigenen Facetten zu polieren, bedeutet auch, Vorbild zu sein. Auch gilt es, den willigen Mitmenschen zu begleiten, die Kraft ihres eigenen, gottgegebenen Geistfunkens zu erkennen, um bewusst dem Licht entgegen und heimwärts zu steuern.

Es ist beglückend, erkennen zu dürfen, wie liebevoll und gerecht die Schöpfung gestaltet ist, und was für eine Rolle der Mensch darin spielt.

Durch sachliches Beobachten und Prüfen können das Wirken und die Weisheit, die dahinter stecken, nachvollzogen werden, und der Glaube wird zur unumstößlichen Überzeugung. Alle notwendigen Hilfestellungen, um den richtigen Weg zu gehen, sind von dem Gottessohn und zuletzt in aller Ausführlichkeit von dem Menschensohn für die Menschheit geschenkt worden.[*] Jetzt ist es unsere Aufgabe, sie endlich umzusetzen.

Und da war die Brücke wieder, über die das wandernde Lichtlein mit Dank für alle Offenbarungen während der Reise zurückkehrte.

***

---

[*] Siehe Seite 114

Verweise

Eindeutige Zeugnisse, die bestätigen, dass der Sohn Gottes und der Menschensohn zwei unterschiedliche Erscheinungen sind, auch wenn sie dieselbe Botschaft der Wahrheit brachten.

- Matthäus 24, 44
- Matthäus 25, 13
- Markus 8. 38
- Markus 14. 62
- Lukas 18. 8
- Johannes 14, 26
- Johannes 16, 7-15
- Offenbarung 1, 4-5

Anerkennung

Manches in dieser Geschichte wurde durch das umfangreiche Werk inspiriert, das der Menschensohn durch seinen Gesandten der Menschheit brachte. Es sind die Schriften:

Im Lichte der Wahrheit von Abd-ru-shin

Das Kommen war vor Jahrtausenden und mehrmals von dem Gottessohn selbst verkündet worden.

Inhaltsverzeichnis – Einige gestreifte Themen

Kapitel 1   Die Brücke   9

*Der Schöpfer und seine Schöpfung * Die Sprache Gottes * Der Mensch als geistiges Geschöpf * Die Natur * Rituale * Perfekte Gesetzmäßigkeiten * Andachten * Der begrenzte Verstand * Freier Wille, Kraft des Geistes * Verantwortung * Schicksal * Reinheit, Liebe, Gerechtigkeit * Menschliche Begierden * Strahlen aus Gott * Tugenden * Gebet * Die Tugenden * Von Hilfen umhüllt.

Kapitel 2   Der See Teil 1   32

*Sinn des Erdaufenthaltes * Diesseits, Jenseits, Paradies * Paradies – Ursprung und Ende der Reise * Versuchungen * Beruf oder Berufung * Sport * Elemente und Elementarwesen * Magnetische Kraft * Wille Gottes * Zeit * Negative und Positive Kraft * Schwingungen * Sammelorte im Jenseits * Die Hölle * Kapitel des menschlichen Lebensbuches * Das Tausendjährige Reich * Das höchstentwickelte Tier * Ankunft des Homo sapiens * Himmlische und höllische Zustände
* Zwiegespräche zwischen Geist und Verstand

Der See   Teil 2   56

* Wege den Geist zu stärken * Geistige Entwicklung * Denken, Reden, Handeln * Empfindung * Geist und Verstand * Das Wort * Gedanken sind nicht frei * Schönheit, Symbolik, Musik * Kindlichkeit * Auge um Auge * Demut * Die Stille * Meditation? * Atmung * Bildhaftigkeit * Innenwelt

Kapitel 3   Die Hütte   Teil 1   72

* Unterschied zwischen Geist und Verstand * Verstand als Diener * Der menschliche Körper als Werkzeug – Mantel mit Kapuze * Übertreibung * Aufbau des Körper * Das Sonnengeflecht * Die Vergangenheit * Großhirn und Kleinhirn * Wahrnehmung und Wahrheit * Klugheit und Weisheit * Moral/Ethik * Technologie * Kopf und Herz * Berufung * Großhirn und Kleinhirn

Die Hütte   Teil 2   94

*Erziehung und Entwicklung der Kinder * Sekundäre Bildschirmerlebnisse * Weiblichkeit und Männlichkeit * Positive und negative Kraft * Kindliche Nachahmung * Regelmäßigkeit * Die Temperamente * Verhaltensauffälligkeiten * Schutz des Kindes * Schamlosigkeit * Die Geschlechter * Vermännlichung der Frau * Starke Weibliche Fähigkeiten * Herd und Heim

Kapitel 4   Der Berghügel   **119**

* Gute und böse Mächte? * Wille des Schöpfers * Freier Wille des Menschen * Unterschiede zwischen Tier und Mensch * Seele und Gruppenseele * Erbschaften * Mut * Schmerz als Hilfe * Luzifer * Sünden der Menschheit * Organtransplantationen * Der Familienbund * Pflichten * Harmonische Beziehungen * Die Liebe

Kapitel 5   Das Kirchlein   **143**

* Der Glaube * Die Quelle des Lebens * Gehirn als Schaltstelle * Die Bibel * Überzeugung * Tradition * Religion * Fantasie * Falsche Propheten * Gutmachung von Fehltritten * Ergebenheit * Heilung * Fragliche Unterhaltungen * Spiritismus * Kreuz der Wahrheit * Gewohnheiten * Psychische Krankheiten * Suchen und finden * Geben und nehmen * Wandlungen * Die Reise des Menschen * Licht löscht Dunkelheit * Gottessohn, Menschensohn – Retter in der Not

Kapitel 6   Der Weg zurück   **174**

* Kurzer Rückblick